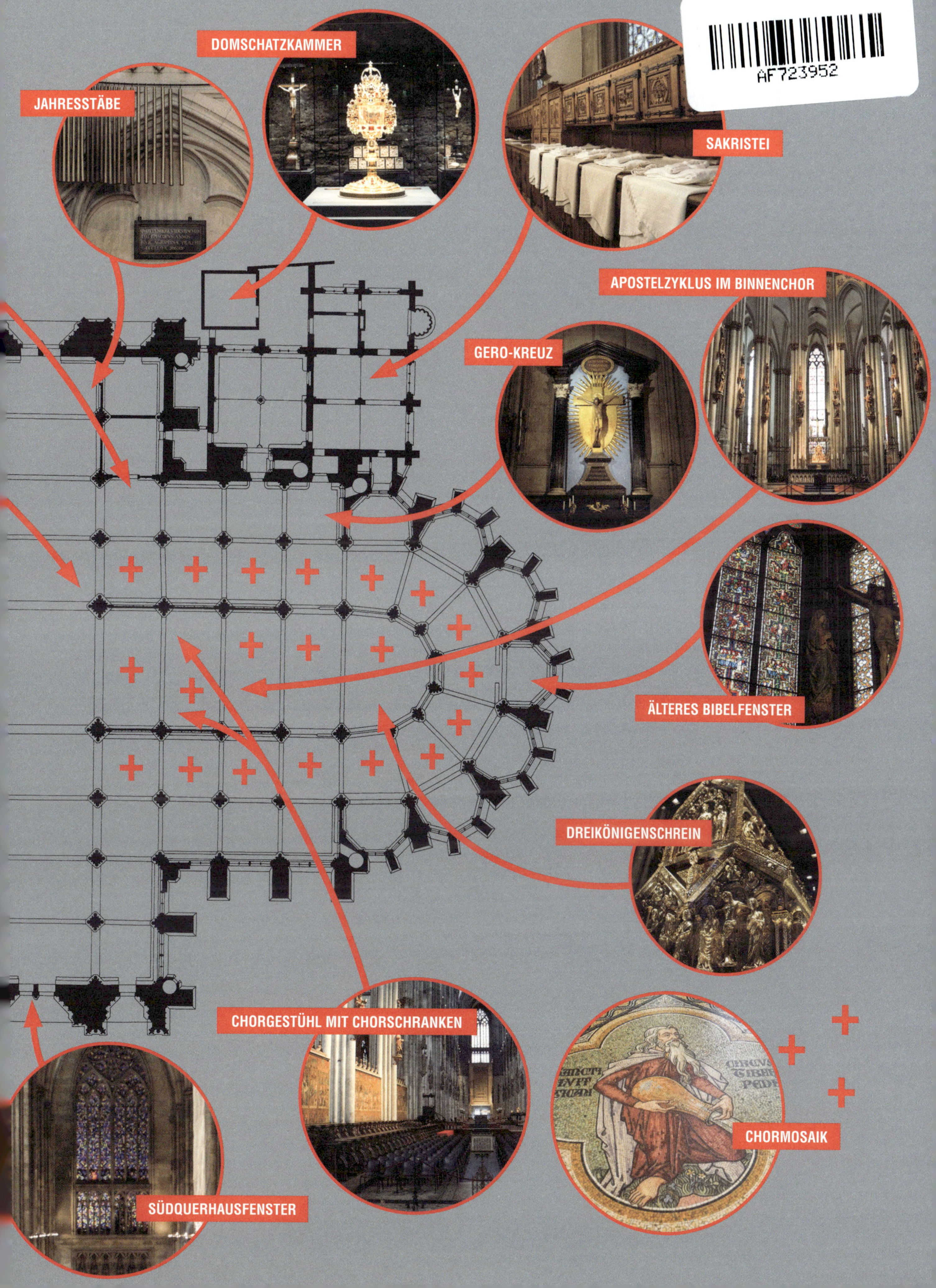
DOMSCHATZKAMMER
JAHRESSTÄBE
SAKRISTEI
APOSTELZYKLUS IM BINNENCHOR
GERO-KREUZ
ÄLTERES BIBELFENSTER
DREIKÖNIGENSCHREIN
CHORGESTÜHL MIT CHORSCHRANKEN
CHORMOSAIK
SÜDQUERHAUSFENSTER

KÖLNER DOM

Wie geht das?

J.P. BACHEM VERLAG

Liebe Freunde des Kölner Doms!

Vielleicht habt Ihr selbst schon einmal den Kölner Dom besucht, wie durchschnittlich 16.000 andere Menschen am Tag. Falls nicht, habt Ihr bestimmt schon einmal von einer der bedeutendsten Kirchen in ganz Deutschland gehört. Aus aller Welt kommen Touristen und Pilger nach Köln. Viele von ihnen möchten diese schöne Kirche selbst einmal sehen, staunend nach oben in die Gewölbe schauen, den kostbaren Dreikönigenschrein bewundern, einen Gottesdienst mitfeiern, beten oder eine Kerze aufstellen.

Die Kölner haben ein Sprichwort: „Wenn der Dom fertig ist, geht die Welt unter." Das bedeutet, dass immer am und für den Dom gearbeitet wird. Es hat allein 632 Jahre gedauert, bis er vollendet war, und bis heute wird an ihm gebaut und restauriert. Im Dom haben die bedeutendsten Künstler ihrer Zeit gearbeitet und uns viele große Kunstwerke hinterlassen.

Einige Zeit nachdem die Gebeine der Heiligen Drei Könige vor vielen Hundert Jahren nach Köln kamen, wurde mit dem Bau des Kölner Doms begonnen. Heute gehört er aufgrund seiner bedeutenden Architektur und Geschichte zum **Weltkulturerbe** der Menschheit und ist seit Jahrhunderten das Wahrzeichen Kölns. Viele Frauen und Männer sorgen Tag für Tag dafür, dass der Dom allen Menschen erhalten bleibt. Auf den folgenden Seiten stellen wir Euch diejenigen vor, die im und für den Dom arbeiten, ob als Priester oder als Handwerker, ob als Wissenschaftler oder als Domschweizer.

Der Kölner Dom hat viele unbekannte Seiten. Dieses Buch nimmt Euch mit auf eine spannende Entdeckungsreise durch die Kathedrale: Ihr lernt die faszinierende Welt unter dem Dach kennen. Ihr unternehmt eine Reise in die Vergangenheit des Doms und der Kirchen, die dort früher standen. Ihr lernt den „Decken Pitter" kennen, eine der größten Glocken der Welt, die zu besonderen Festen ihren tiefen Klang über der ganzen Stadt ertönen lässt. Ihr erfahrt auch, welche wichtige Rolle der Zentral-Dombau-Verein spielt und was im Dom nachts passiert, wenn er für die Besucher geschlossen ist.

Vielleicht macht Euch dieses Buch auch Lust auf einen eigenen Besuch im Kölner Dom, denn er steht jedem Menschen offen.

Euer Autorenteam

Übrigens:
Begriffe, die Ihr vielleicht noch nicht kennt, sind im Buch mit diesem Zeichen markiert. Im Dom 1x1 auf den Seiten 62/63 erklären wir Euch diese Wörter.

INHALT

6

SilentMOD – so hieß 2016 ein cooles Kunstprojekt. Drei Laser zauberten tolle Lichteffekte in das Innere der Kathedrale.

TYPISCH KÖLNER DOM

Wem gehört der **Dom**?

Wie hoch sind **Süd-** und **Nordturm**?

Welche **Hausnummer** hat der **Dom**?

Warum dauert der **Bau der Kathedrale** bis heute an?

Doppelt spitze!

Seinen weltberühmten Turmspitzen begegnest Du auf Gläsern, T-Shirts, Badeenten und Postkarten. Die Rede ist – na klar – von den beiden Türmen des Kölner Doms. Bei den Touristen steht das Wahrzeichen der Stadt ganz oben auf der Besichtigungsliste. Und für die Kölner selbst? Bedeutet der Dom Zuhause!

Besitzer

Wem gehört der Kölner Dom überhaupt? Er ist eine sogenannte Kathedrale, denn im Dom steht die Kathedra – also der Stuhl des Bischofs. Trotzdem gehört der Kölner Dom nicht dem Erzbischof. Auch nicht der Stadt Köln oder dem Papst, dem Chef der katholischen Kirche. Der Kölner Dom gehört nur sich selbst. Im Grundbuch der Stadt Köln steht über den Eigentümer: „Hohe Domkirche (vertreten durch das Metropolitankapitel) in Köln.“ Aber weil so ein Gebäude natürlich nicht sprechen oder handeln kann, gibt es das Domkapitel. Es vertritt den Kölner Dom.

Name

Alle reden immer vom Kölner Dom – aber so heißt die stattliche Kathedrale eigentlich gar nicht. Ihr korrekter Name lautet: Hohe Domkirche Sankt Petrus. Petrus ist einer der wichtigsten Heiligen im **Christentum**. Er war der Freund und Unterstützer von Jesus und hat sich sehr für das Christentum eingesetzt. Petrus ist der Beschützer des Kölner Doms. Nach ihm ist auch die größte Glocke im Dom benannt.

Alter

Wie alt ist der Kölner Dom eigentlich? Puh, das ist eine schwierige Frage! Los ging es mit dem Bau des heutigen Kölner Doms im Jahr 1248. Nach mehr als 270 Jahren stoppten die Baumeister und Handwerker aber ihre Arbeiten – obwohl der Dom noch gar nicht fertig war. Dann gab es eine 300 Jahre lange Pause. Aber weil viele Kölner den Dom so sehr liebten, gründeten sie den Zentral-Dombau-Verein und spendeten Geld für die Fertigstellung. Die Bauarbeiten gingen dann im Jahr 1842 weiter, also knapp 600 Jahre nach Baubeginn. Im Jahr 1880 war der Dombau abgeschlossen. Offiziell zumindest. Denn zu tun gibt es auch heute noch ganz schön viel. Übrigens: Der Kölner Dom und seine Schätze sind so wertvoll, dass sie als **Weltkulturerbe** bezeichnet werden. Ein toller Titel!

Schatz

Die wertvollste Kostbarkeit, die der Dom beherbergt, sind die Gebeine der Heiligen Drei Könige. Sie kamen 1164 nach Köln und liegen in einem prunkvollen goldenen **Schrein**. Sie waren der Hauptgrund, die alte Kirche abzureißen und den riesigen heutigen Dom zu bauen. Denn sehr viele Gläubige kamen im **Mittelalter** nach Köln, um vor dem Schrein zu beten. Das nennt man Pilgern. Auch heute kommen noch Pilger nach Köln – jedes Jahr im September gibt es die **Dreikönigswallfahrt** für Pilger. Hättest Du gedacht, dass der Dom eine Station auf dem berühmten **Jakobsweg** ist?

Herzlich willkommen!

Wenn Du Lust auf einen Besuch in der großen Kirche hast, solltest Du die gefütterte Jacke und die dicken Schuhe schon einmal rausstellen – zumindest, wenn Du den Dom in der kalten Jahreszeit besuchen möchtest. Dort gibt es nämlich keine Heizung! Und manchmal wird es so kalt, dass sogar das Weihwasser einfriert. Zu diesen Uhrzeiten kannst Du den Dom besichtigen, zumindest wenn keine Gottesdienste stattfinden: **November bis April:** 6.00 bis 19.30 Uhr, **Mai bis Oktober:** 6.00 bis 21.00 Uhr.

Übrigens: Auf der Internetseite **www.koelner-dom.de** können Deine Eltern nachschauen, wann Gottesdienste stattfinden – und sogar, welche Temperatur gerade im Dom herrscht.

Lichtgestalt

Manchmal ist der Dom auch Teil kunstvoller Projekte. Im Jahr 2018 erinnerte die Domwallfahrt mit der Lichtinstallation „Dona Nobis Pacem" an das Ende des Ersten Weltkriegs im Jahr 1918 und feierte den Frieden, indem der Dom von außen in bunten Farben erstrahlte.

Zahlen, Zahlen, Zahlen

157 Meter

sind die beiden Türme des Kölner Doms hoch. Wenn Du vor dem Hauptportal stehst, erhebt sich auf der rechten Seite der Südturm und auf der linken der Nordturm. Als die Kathedrale 1880 fertiggestellt war, galt sie mit ihren beiden Türmen als das höchste Bauwerk der Welt. Aber nur vier Jahre lang. Danach wurde sie vom Washington Monument in den USA überholt – das ist nämlich 169 Meter hoch. Aber noch heute ist der Dom die dritthöchste Kirche der Welt!

4 Chöre

gibt es am Kölner Dom: Knabenchor, Mädchenchor und zwei Chöre für Erwachsene. Der Knabenchor wurde 1863 gegründet, als der Dom weitergebaut wurde. Fast alle Chorkinder werden in der Domsingschule ausgebildet. Das ist eine Grundschule. Neben den normalen Fächern haben die Kinder noch vier zusätzliche Musikstunden. Hier lernen sie singen, Noten lesen und Instrumente spielen. Nach einer Prüfung können sie Mitte der vierten Klasse in den Chor aufgenommen werden – und dort auch bleiben, wenn sie auf der weiterführenden Schule sind.

157, 30.000, 6.000.000 – und 0. Was all diese Zahlen mit dem Kölner Dom zu tun haben? Das erfährst Du hier!

1.300 Quadratmeter

groß ist das Mosaik, das im Chorbereich liegt. Das ist ungefähr so groß wie drei Basketballfelder. Damit ist dieses Mosaik eines der größten seiner Art. Experten schätzen, dass dafür rund acht Millionen Steinchen aus Keramik verbaut wurden. Die deutsche Firma Villeroy & Boch hat sie hergestellt. Bekannt ist die Firma vor allem für ihr Geschirr – schau mal unter die guten Teller bei Dir zu Hause, vielleicht entdeckst Du dort auch das Symbol von Villeroy & Boch.

24 Tonnen

wiegt die größte Glocke im Kölner Dom – also ungefähr so viel wie fünf männliche Elefanten.

6.000.000 Menschen

besuchen den Kölner Dom jedes Jahr. Mindestens. Das sind durchschnittlich 16.000 Menschen jeden Tag. Damit ist der Kölner Dom die Sehenswürdigkeit mit den meisten Besuchern in Deutschland.

533 Stufen

bringen Dich nach oben auf den Südturm des Kölner Doms. Wenn Du die Stufen der engen, gewundenen Treppe hochgestiegen bist, stehst Du unmittelbar unter der Spitze. Die anstrengende Klettertour lohnt sich – dort oben wirst Du nämlich mit einem atemberaubenden Blick über Köln belohnt. Ach, und bevor Du die Domschweizer in ihren roten Gewändern fragen musst, die Turmbesteigung startet nicht im Kölner Dom, sondern rechts neben dem Haupteingang. Dort gibt es einen eigenen Eingang. Zunächst gehst Du übrigens ein paar Stufen – nach unten.

2.000.000 Kerzen

werden pro Jahr im Dom angezündet.

0 Meter

sind es noch bis nach Köln, wenn Du mitten im Dom stehst. Hört sich verrückt an, oder? Ist aber so! Im Dom, dort, wo der Hochaltar in der Vierung steht, ist ein Vermessungspunkt, von dem Entfernungen nach Köln gemessen werden. Das bedeutet: Wenn auf einem Straßenschild steht, dass Köln noch 30 Kilometer entfernt ist, sind es noch 30 Kilometer bis zur Vierung im Dom.

ZDV
Zentral-Dombau-Verein
zu Köln von 1842

33.000 Euro

kostet der Dom. Jeden Tag. Mit diesem Geld werden vor allem die vielen Menschen bezahlt, die dort arbeiten: Priester, Domschweizer, Handwerker und zahlreiche andere Mitarbeiter hinter den Kulissen. Natürlich kosten auch die Gegenstände, die im Dom verbraucht werden, Geld: die Kerzen, der Blumenschmuck oder die Steine für die Restaurierungen. Und wer bezahlt das alles? Die Kosten für den täglichen Betrieb trägt die Hohe Domkirche. Mehr als die Hälfte der Baukosten übernimmt der Zentral-Dombau-Verein, der zum Weiterbau des Kölner Doms im Jahr 1842 gegründet wurde. Den Rest teilen sich das Bundesland Nordrhein-Westfalen, das Erzbistum Köln und die Stadt Köln. Und weißt Du, wer noch? All die Menschen, die Geld an den Dom spenden – zum Beispiel in die hölzernen Kästen der Domschweizer.

6.166 Quadratmeter

beträgt die Grundfläche im Dom. Zum Vergleich: Eine durchschnittliche Dreizimmerwohnung ist 80 Quadratmeter groß. Es würden also ungefähr 77 Dreizimmerwohnungen in den Kölner Dom hineinpassen.

Domkloster 4, 50667 Köln

lautet die Adresse des Kölner Doms. Du hättest nicht gedacht, dass der Kölner Dom eine Hausnummer braucht? Hatte er auch lange nicht. Doch dann wurde Köln 1794 zu einem Teil von Frankreich – und die Franzosen bestimmten, dass jedes Gebäude eine Hausnummer braucht. Der Kölner Dom bekam die Nummer 2583 ½. Später erhielten die Straßen Namen, die Hausnummern änderten sich. Daraufhin lautete die Adresse: Auf der Litsch 2. Erst im Jahr 1893 bekam der Dom seine aktuelle Hausnummer.

19 v. Chr.

800

DIE RÖMERZEIT

Du weißt vielleicht, dass die Stadt Köln von den Römern gegründet wurde. Das war vor mehr als 2.000 Jahren, im Jahr 19 vor Christus. An der Stelle, wo heute der Kölner Dom steht, befanden sich in der Römerzeit Wohnhäuser und Lagerhallen. Doch im Laufe der Zeit versammelten sich auch die ersten Christen dort. Im Bereich des heutigen Doms gab es ab dem 6. Jahrhundert eine größere Kirchenanlage. Das wissen wir, weil Archäologen ein TAUFBECKEN, Gräber und Reste von Priestersitzen gefunden haben. Schon damals stand der Hochaltar vermutlich an derselben Stelle wie heute!

DER ALTE DOM

Etwa im Jahr 800 entstand an der Stelle des heutigen Doms eine große Kirche. Sie wird „Alter Dom“ genannt und wurde im Jahr 870 geweiht. Im Jahr 1164 passierte etwas sehr Wichtiges: Der damalige Kölner Erzbischof Rainald von Dassel erhielt vom Kaiser ein besonderes Geschenk: die Gebeine der Heiligen Drei Könige! Rainald von Dassel ließ diese Knochen aus Mailand, wo sie zuvor gelegen hatten, nach Köln bringen. Goldschmiede schufen einen prächtigen goldenen Schrein für die Gebeine. Aus ganz Europa kamen Christen nach Köln, um vor dem Schrein der Heiligen Drei Könige zu beten. Sogar die deutschen Könige machten das, nachdem sie in Aachen gekrönt worden waren.

TAUFBECKEN DES 6. JAHRHUNDERTS

Eine unendliche Geschichte

Mehr als 600 Jahre hat es gedauert, bis der Kölner Dom fertig war. Aber was heißt hier eigentlich „fertig“? Der Dombau ist bis heute nicht wirklich abgeschlossen. Aber warum dauern die Bauarbeiten so lange? Und was hat das Wahrzeichen der Stadt schon alles erlebt? Komm mit auf eine Zeitreise!

1248

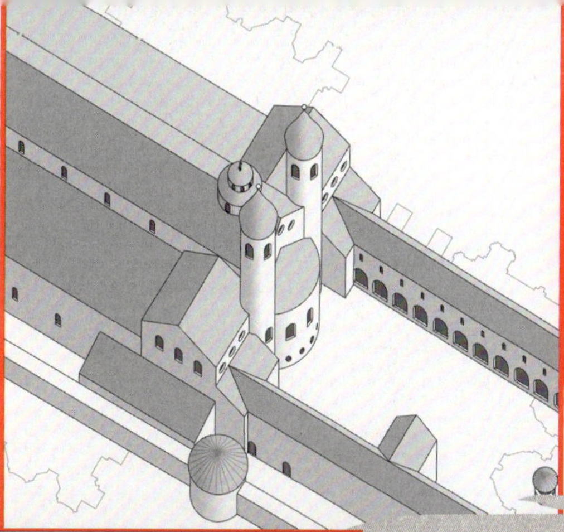

1322

1520

ZEIT FÜR EINEN NEUEN DOM

Der Alte Dom entwickelte sich zu einem der wichtigsten Pilgerorte der Welt. Das ist vermutlich ein Grund, warum der damalige Erzbischof und das Domkapitel beschlossen: Der Alte Dom muss abgerissen werden – und an seiner Stelle soll Dombaumeister Gerhard eine neue, noch prächtigere Kirche errichten. Andere Kirchen in Köln waren bereits umgebaut und modernisiert worden. Und der Dom mit dem Schrein der Heiligen Drei Könige durfte da natürlich nicht zurückstehen. Aber stell Dir vor: So eine neue Kirche zu bauen, dauerte länger als ein Menschenleben. Und die Kölner wollten natürlich weiterhin Messen in ihrem Dom feiern. Deswegen sollten die Handwerker zunächst einmal nur einen Teil des Alten Doms abreißen, damit der Rest weiter genutzt werden konnte. Gleichzeitig legte Erzbischof Konrad von Hochstaden im Jahr 1248 den ersten Stein zum Bau des heutigen Doms. Die Kirche sollte so prächtig aussehen wie die modernen gotischen Kirchen in Frankreich.

EIN FEUER WÜTET

Bei den Abrissarbeiten passierte ein Unglück: Ein Brand geriet außer Kontrolle und fast der gesamte Alte Dom fiel den Flammen zum Opfer. Glücklicherweise gelang es den Handwerkern, den Schrein der Heiligen Drei Könige im letzten Moment aus dem raucherfüllten Dom zu retten. Dombaumeister und Handwerker gaben ihr Bestes: Schon Mitte der 1260er-Jahre war der Chorumgang mit den Kapellen fertig. Dort konnten die Priester jetzt schon Gottesdienste feiern. Im Jahr 1322 war auch der gesamte Chor – also der Teil der Kirche, in dem der Hochaltar steht – vollendet. Bei einer großen Feier wurde der Chor geweiht und der Schrein der Heiligen Drei Könige dorthin gebracht. Danach rissen die Handwerker alle Reste des Alten Doms ab und bauten an anderen Teilen weiter, unter anderem an den Türmen.

BAUSTOPP

Um 1520, also gut 270 Jahre nach Grundsteinlegung, stoppten die Bauarbeiten. Der Dom war zwar noch lange nicht fertig, trotzdem ging es, bis auf einige Reparaturarbeiten, mehr als 300 Jahre lang nicht weiter. Experten vermuten, dass es kein Geld mehr für den Dombau gab und der Baustil mittlerweile als unmodern galt. Niemand wollte sich mehr für den Dom einsetzen. Auf dem Südturm, der damals immerhin schon 56 Meter in die Höhe ragte, stand ein riesiger Baukran aus Holz. 300 Jahre lang galt er als das Wahrzeichen von Köln. Das Innere des halb fertigen Doms wurde mit kostbaren Kunstwerken geschmückt. Denn dort wurden weiterhin Gottesdienste gefeiert.

DIE FRANZOSEN BESETZEN KÖLN

Im Jahr 1789 starteten die Menschen in Frankreich eine große Revolution. Was das mit Köln zu tun hat? 1794 besetzten französische Soldaten Teile des Rheinlands – und auch die Stadt Köln. Die Anführer der Revolution waren nicht gläubig und verboten schließlich die Gottesdienste im Dom. Der Erzbischof und andere Geistliche flohen aus Köln. Und der Dom? Die Revolutionäre vernichteten einige der Kunstwerke und nutzten die Kirche als Lager für ihre Gefangenen und angeblich auch als Pferdestall. Die hölzernen Kirchenbänke dienten als Brennmaterial für Lagerfeuer. Erst im Jahr 1801 durften die Kölner wieder Gottesdienste im Dom feiern. Der war jedoch in sehr schlechtem Zustand. Die französischen Soldaten mussten Köln 1814 wegen der heranrückenden russischen und preußischen Truppen wieder verlassen.

DER DOM WIRD WEITERGEBAUT

Überall in Deutschland fanden die Menschen Gebäude und Kunst aus dem Mittelalter plötzlich nicht mehr altmodisch und hässlich. In Köln sorgte der Kaufmann Sulpiz Boisserée dafür, dass sich die Bürger wieder für den Dom begeisterten. Immer mehr Leute setzten sich dafür ein, die Kathedrale endlich fertig zu bauen – auch der berühmte Schriftsteller Johann Wolfgang von Goethe. Im Jahr 1823 nahm die Dombauhütte ihren Betrieb wieder auf. 19 Jahre später legte König Friedrich Wilhelm IV. von Preußen den Grundstein zur Vollendung des Doms. Er hatte viel Geld für den Weiterbau gegeben. Mehr als die Hälfte des Geldes aber kam von einer besonders engagierten Gruppe: Kölner Bürger hatten 1842 den Zentral-Dombau-Verein gegründet und Geld gespendet, damit die Kirche fertig gebaut werden konnte. Den Verein gibt es noch heute – und er bezahlt noch immer den Großteil der Bauarbeiten am Dom.

1794

1823

1800

DER ZWEITE WELTKRIEG

Ein derart großes Bauwerk, das täglich unzählige Besucher anzieht, muss andauernd instand gehalten werden. Auch Wind und Regen setzen den Steinen und Fenstern zu. Insgesamt gab es seit der offiziellen Fertigstellung bis heute kein einziges Jahr, in dem nicht irgendetwas am Dom wiederhergestellt werden musste. Und dann kam der Zweite Weltkrieg: 14 Sprengbomben und mehr als 70 Brandbomben schlugen im Dom ein. Gewölbe stürzten ein, das Dach war abgedeckt, die Orgel und viele Fenster waren zerstört. Der Dom war schwer getroffen! Zum Glück hatten es Mitarbeiter zuvor noch geschafft, die mittelalterlichen Fenster auszubauen und zusammen mit anderen Schätzen in Sicherheit zu bringen. Andere Kunstwerke hatten sie eingemauert und auf diese Weise geschützt.

FERTIG! ODER?

Der Dombaumeister hatte damals eine ganz genaue Vorstellung, wie er den Dom weiterbauen wollte. Es gab nämlich einen mehr als 550 Jahre alten Plan aus dem Mittelalter für die Westfassade! Bei Lang- und Querhaus wusste der Dombaumeister durch die bereits gebauten Bereiche, wie sie ungefähr aussehen sollten. Die Handwerker richteten sich also nach den alten Plänen, setzten aber moderne Technik ein, zum Beispiel die damals ganz neuen Dampfmaschinen. Mit ihrer Hilfe schritt der Bau viel schneller voran als im Mittelalter. Bereits 26 Jahre nach Grundsteinlegung konnten die Bauarbeiter den alten Kran abreißen und im Jahr 1880 waren beide Türme vollendet. Der Dom galt als fertig.

IMMER NOCH NICHT FERTIG

Noch heute reparieren die Mitarbeiter der Dombauhütte Schäden aus dem Zweiten Weltkrieg. Halte bei Deinem nächsten Rundgang durch den Dom einmal die Augen offen: In zahlreichen Pfeilern kannst Du noch Absplitterungen oder Einschusslöcher entdecken. Solange die nicht gefährlich für die Stabilität des Bauwerks sind, werden sie nicht ausgebessert – auch sie sind schließlich ein Teil der Geschichte des Kölner Doms.
Ein schwerer Schaden am Nordturm war noch im Krieg mit Ziegelsteinen geflickt worden. Die sogenannte ZIEGELPLOMBE war bis 2005 am Dom zu sehen.

1939 – heute

SCHÄTZE, KUNSTWERKE & KONSTRUKTIONEN

Welche Kostbarkeiten werden in einem **weltberühmten Schrein** aufbewahrt?

Wie hat es der **Decke Pitter** in den Südturm geschafft?

Was machen **8.000 Pfeifen** in einer Kathedrale?

Warum treffen Besucher im Dom auch auf **FC-Maskottchen Hennes**?

Kostbare Schätze

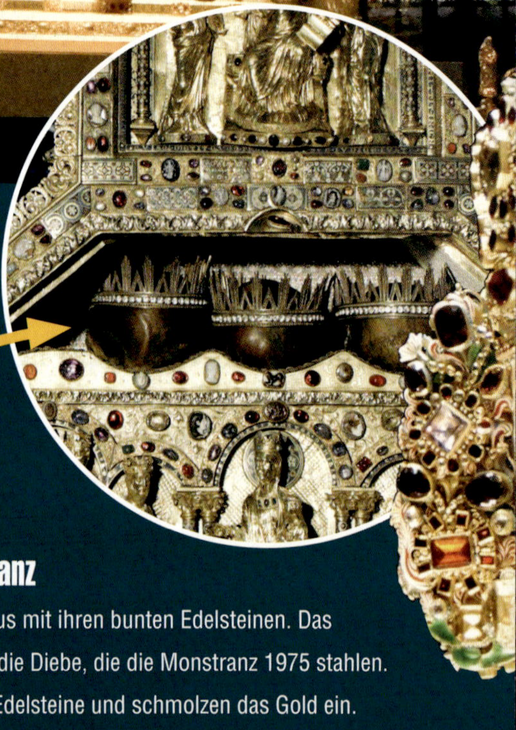

Der Kölner Dom ist nicht nur ein imposantes Bauwerk, sondern auch das Zuhause einmaliger Kostbarkeiten. Funkelnde Gefäße oder ein weltberühmter Schrein bringen Betrachter zum Staunen, haben aber auch schon manchen Dieb auf den Plan gerufen.

Schrein der Heiligen Drei Könige

Er ist der wichtigste Schatz im Kölner Dom: der Schrein, in dem die Gebeine der Heiligen Drei Könige aufbewahrt werden! Die Vorderseite zeigt drei wichtige Szenen aus dem Leben Jesu, an den Seiten siehst Du **Propheten** und **Apostel**. Experten sind sich sicher, dass der berühmte Goldschmied Nikolaus von Verdun dieses Prunkstück geschaffen hat – und zwar zwischen 1180 und 1230. Obwohl die Mitarbeiter des Doms den Schrein immer besonders gut beschützen, gelang es Dieben vor etwa 450 Jahren, einen großen, sehr kostbaren Stein aus dem Schrein zu stehlen. Er befindet sich heute in Wien in Österreich. In Kriegszeiten wurde der Schrein in Sicherheit gebracht, dabei aber auch beschädigt. Von 1961 bis 1973 wurde er umfassend restauriert. Heute steht er mit einer Alarmanlage gesichert hinter 2,5 Zentimeter dickem Glas. Am besten schützt der Schrein sich selbst: Er wiegt 515 Kilo – die klaut niemand so leicht.

Große Monstranz

Sie sieht kostbar aus mit ihren bunten Edelsteinen. Das dachten sich auch die Diebe, die die Monstranz 1975 stahlen. Sie entfernten die Edelsteine und schmolzen das Gold ein. Zum Glück wurden die Täter gefasst, die Steine gerettet. Der damalige Domgoldschmied Peter Bolg fertigte die Monstranz mithilfe von Fotos neu an. Die Monstranz wird heute kaum mehr genutzt, da sie sehr schwer ist – ungefähr sechs Kilo wiegt dieses Gefäß aus reinem Gold. Die große Monstranz kann in der Schatzkammer bewundert werden.

Mosaik

Wenn Du das nächste Mal den Dom besuchst, wirf einmal einen Blick auf den Boden: Im gesamten Chor liegt ein beeindruckendes Mosaik. Der Künstler August von Essenwein hat es sich um das Jahr 1880 ausgedacht. Im Binnenchor ist ein besonders schönes Bild mit winzigen Steinen verlegt: Es zeigt das Leben eines Mannes als Rad, angetrieben von Gott. Erst ist der Mann jung und motiviert, dann erwachsen und erfolgreich, im Alter arm und nachdenklich.

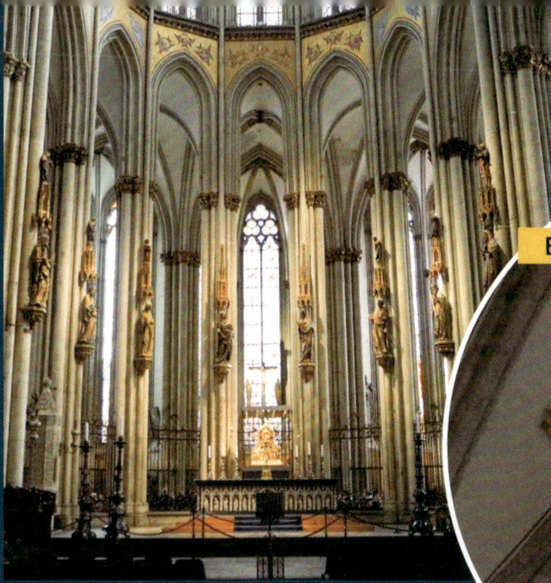

Gero-Kreuz

Dieses Kreuz ist älter als der Dom selbst – und hing wohl schon in der Vorgängerkirche, es stammt nämlich aus dem 10. Jahrhundert. Es ist aus Holz gefertigt und mit Farbe bemalt – im Laufe der Zeit sind viele Schichten dazugekommen. Es zeigt den Moment, als Jesus stirbt und die Menschheit erlöst. Der Kölner Erzbischof Gero ließ das Kreuz anfertigen. Die Sonne und den Altar um das Kreuz herum haben Künstler erst im 17. Jahrhundert hinzugefügt.

Apostelzyklus

An den Pfeilern im Binnenchor stehen 14 überlebensgroße Figuren und sehen aus, als würden sie sich miteinander unterhalten. Es sind Maria, Jesus und die zwölf Apostel. Bildhauer aus Frankreich schufen diese Figuren um das Jahr 1280. Über ihren Köpfen hängen kleine Türmchen, sogenannte **BALDACHINE**, und darauf stehen Engel, die Musikinstrumente aus der damaligen Zeit spielen.

Chorgestühl mit Chorschranken

104 Sitze hat das Chorgestühl im Binnenchor. Hier sitzen die Herren aus dem Domkapitel, weitere Priester und wichtige Gäste während der Gottesdienste. Die Sitzreihen aus dem 14. Jahrhundert sind rundherum dekoriert, sogar unter den Sitzen, die sich hochklappen lassen! Die geschnitzten Bilder zeigen Geschichten aus der Bibel, aber auch Laster – zum Beispiel Geiz oder Jähzorn –, von denen sich die Menschen fernhalten sollen. Die **CHORSCHRANKEN** hinter den Sitzreihen sollten die hohe Geistlichkeit von den zahlreichen Besuchern abschirmen. Sie sind mit Malereien von Heiligen verziert.

Gemälde aus Glas

Was wäre eine Kathedrale ohne wunderschöne Fenster! Im Kölner Dom gibt es insgesamt 150 künstlerisch gestaltete Fenster. Sie erzählen oft Geschichten aus der Bibel.

Alte Fenster vorsichtig reinigen und wieder in Ordnung bringen: Darum kümmern sich die Mitarbeiter in der Glaswerkstatt des Kölner Doms. Gelegentlich entstehen hier auch neue Fenster. Glasmalermeisterin **RUTH WEILER** und ihre Kollegen stellen zum Beispiel Fenster wieder her, die im **Zweiten Weltkrieg** zerstört wurden.

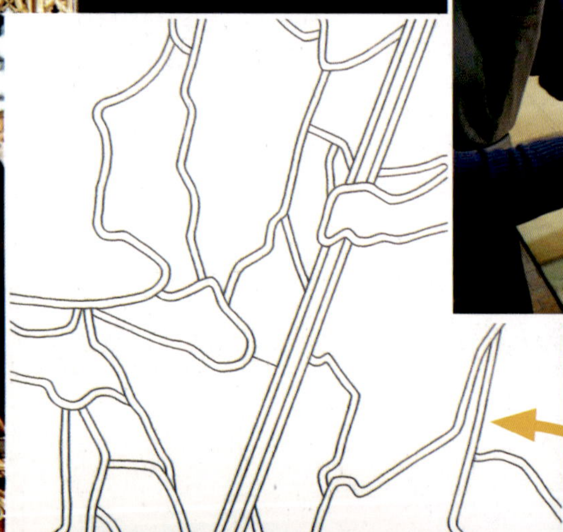

1 Wie das Glasbild aussehen soll, wissen die Mitarbeiter der Glaswerkstatt oft, weil es noch eine Zeichnung von dem ursprünglichen Fenster gibt. Als Erstes fertigen sie eine Art Ausmalbild an und zeichnen die Umrisse von allen Figuren und Dingen. Das Besondere an Kirchenfenstern ist: Die verschiedenen farbigen Gläser sind durch Bleistege voneinander getrennt, die im Fenster wie schwarze Linien wirken.

2

Das Glas für die Dom-Fenster wird in einer Glashütte in Bayern wie im **Mittelalter** von Mund geblasen. Anschließend suchen sich die Glasmaler die Farben für die einzelnen Teile des Ausmalbildes aus. Dann legen sie eine Schablone auf das Glas, ritzen den Umriss mit einem Glasschneider ein und brechen das Glas einfach ab.

Die Farbe steckt bereits beim Blasen im Glas. Manche Gläser sind so hergestellt, dass sie eine zweite farbige Schicht haben, zum Beispiel eine dünne rote Schicht auf gelbem Glas. Dann kann man den oberen Teil wegätzen – so wird ein einziges Glasstück mehrfarbig.

3

Auch alle anderen Teile des Bildes schneiden Ruth Weiler und ihre Kollegen so aus. Dann malen sie mit einem Pinsel Linien auf die Glasstücke, zum Beispiel das Gesicht von Jesus. Dafür brauchen sie eine ganz ruhige Hand. Nun folgen verschiedene Arbeitsschritte, in denen das Glas jeweils dünn mit einer Malfarbe überzogen wird, aus der die Schatten herausgearbeitet werden. Sie wird in einem Ofen eingebrannt.

RUTH WEILER

4 Erst wenn die Glasmaler mit jedem Glasstück fertig sind, setzen sie das Puzzle zusammen: Sie verbinden alle Gläser mit den Bleiruten und löten diese an Stoßpunkten zusammen. Dann streichen sie **Kitt** unter das Blei. Jetzt erst ist die Bleiverglasung stabil, wind- und wasserdicht. Die Herstellung eines solchen Glasbildes dauert etwa vier Wochen. Jedes Dom-Fenster setzt sich aus zahlreichen solcher Glasbilder zusammen.

Das älteste Fenster im Kölner Dom stammt aus dem Jahr 1260 und ist in der Achskapelle eingebaut.

Staunen und große Freude: Der Augenblick, als der Künstler Gerhard Richter zum ersten Mal sein Fenster im Dom sieht.

WELTMEISTERWISSEN

Südquerhausfenster

Das jüngste Fenster im Dom hat der berühmte Künstler Gerhard Richter entworfen. Es wurde erst 2007 im südlichen Querhaus eingebaut. Das Fenster, was dort vorher war, wurde im **Zweiten Weltkrieg** zerstört, danach gab es nur einen schlichten Ersatz. Sieh an einem sonnigen Tag mal von unten zu diesem Fenster, das viele auch einfach Richter-Fenster nennen, hoch: Die Vierecke aus 72 verschiedenen Farben leuchten dann wunderschön bunt – und manchmal scheint es, als würden sie verschmelzen. Das liegt daran, dass die verschiedenen Farben nicht durch Bleifugen getrennt (wie bei allen anderen Fenstern), sondern aneinandergeklebt sind. Achte, wenn Du im Dom bist, darauf, wie das Fenster zu den verschiedenen Tages- und Jahreszeiten immer wieder anders aussieht.

PETER BERKENKOPF

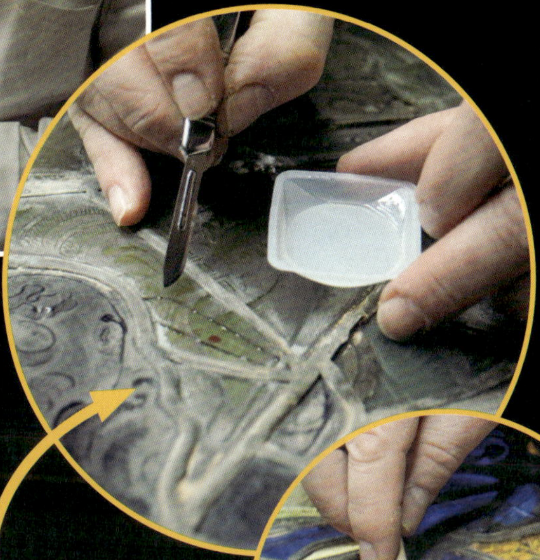

Mit Fingerspitzengefühl

Natürlich sehen Glasmalereien, die mehrere Hundert Jahre alt sind, nicht mehr aus wie neu: Die Bemalung ist teilweise verschwunden, die Gläser haben Sprünge oder sind durch Luftverschmutzung angegriffen. Restauratoren wie Peter Berkenkopf überlegen sich sehr genau, wie sie ein beschädigtes Glasbild behandeln, ohne es noch mehr zu zerstören. Die meisten Scheiben reinigt **PETER BERKENKOPF** nur mit einem Pinsel, manchmal mit einem Wattestäbchen, getunkt in Wasser und Alkohol. Kleine Sprünge schließt er mit einem superdünnen Kleber aus Kunstharz. Wenn die Bemalung durch Verwitterung verloren ist, malt er sie nicht nach. Denn das Ziel der Restauratoren ist heute: Das Fenster möglichst lange erhalten, aber nichts verändern.

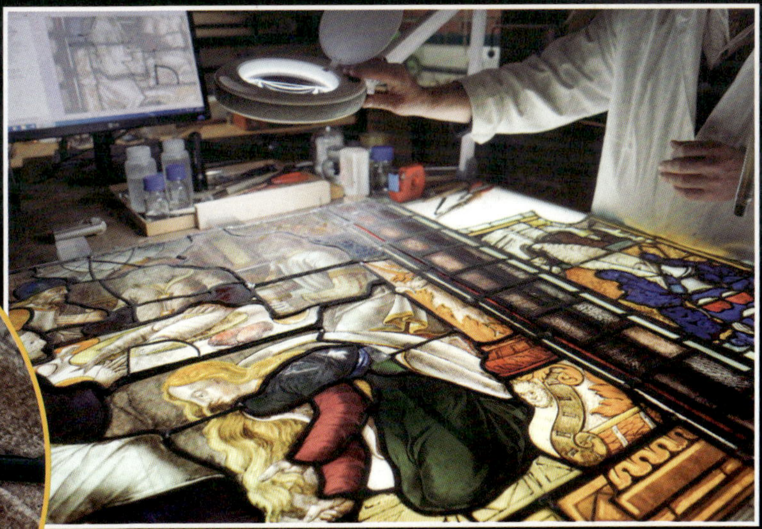

8.000 Pfeifen für den Dom

Winfried Bönig zieht verschiedene Register, dann drückt er eine weiße Taste, danach eine andere, immer schneller bewegen sich die Finger des Cheforganisten über das Instrument. Plötzlich ist der ganze Dom von Musik erfüllt. Majestätisch klingt das – und laut!

Cheforganist Winfried Bönig übt nur nachts, denn tagsüber sind zu viele Besucher im Dom.

Zwei Orgeln

Wenn Du den Dom betrittst, wirf nach einigen Schritten einmal einen Blick nach links oben: Dort hängt die **SCHWALBENNESTORGEL**. Eine zweite Orgel, die große, befindet sich in der Nähe der Vierung, ebenfalls einige Meter über dem Boden. Der Spieltisch steht auf einer Art großem Balkon. Von hier aus kann Winfried Bönig beide Instrumente bedienen: „Wenn an Weihnachten mehrere Tausend Menschen in den Gottesdienst kommen, soll die Orgelmusik überall in der Kirche zu hören sein.“ Die Orgel hat keinen Verstärker. Für einen satten Klang sorgen sehr viele Pfeifen. 4.500 Pfeifen gehören zur großen Orgel, 3.500 zum Schwalbennest. Insgesamt kann Winfried Bönig also auf 8.000 Pfeifen spielen. Wahnsinn!

Tasten, Register und Ventile

Der **Organist** sitzt vor dem Spieltisch: Rechts befinden sich die **REGISTER** für die Schwalbennestorgel, links die für die **GROSSE ORGEL**, in der Mitte die Tastatur. Die sieht so aus wie bei einem Klavier und man spielt sie auch ähnlich. Der Unterschied ist nur: Solange Winfried Bönig kein Register zieht, kommt kein Ton heraus. Erst wenn er das macht und auf eine Taste drückt, öffnet sich unter dieser **PFEIFE** ein Ventil, die Luft strömt ein – und ein Ton entsteht. Generell gilt: Je größer die Pfeife ist, desto tiefer der Ton. Und wenn Winfried Bönig mehrere Register zieht, dann aktiviert er mit einer Taste eben sehr viele Pfeifen – und dann wird es laut.

PFEIFEN

REGISTER

GROSSE ORGEL

Die Schwalbennestorgel besitzt ein Register, das weltweit einzigartig ist! „Loss jon" steht in schwarzen Buchstaben auf dem runden Knopf. Das ist Kölsch und heißt „Los geht's". Zieht der Organist dieses Register, spielt die Orgel das Karnevalslied „Mer losse d'r Dom in Kölle" und eine Narrenfigur kommt aus der Orgel hervor. Zweimal im Jahr – und zwar während der Karnevalstage – wird das Register „Loss jon" am Schluss von Gottesdiensten gezogen.

3 Fragen an Titus

„Es ist ein gutes Gefühl, im Kölner Dom zu singen."

Seit einem Jahr singt Titus (11) im Knabenchor am Kölner Dom.

War es schwer, Mitglied in diesem besonderen Chor zu werden?
„Die Aufnahmeprüfung war eigentlich einfach – ich musste ein Lied auswendig singen und die Taktarten erklären. Mittlerweile singe ich alle zwei Wochen im Dom. Nervös bin ich dabei eigentlich nie."

Und wie sieht ein ganz normaler Tag als Chorknabe aus?
„Dienstags, donnerstags und freitags fahre ich vom Gymnasium aus in die Waschküche, so heißt die Betreuung für die Chöre. Da mache ich auch meine Hausaufgaben. Abends ist Probe. Oft bin ich dann erst um halb acht zu Hause. Das ist manchmal ganz schön anstrengend, aber es macht mir Spaß."

Warum hast Du Dich für dieses Hobby entschieden?
„Ich liebe Musik und möchte später Musiker werden. Wenn ich meinen Freunden erzähle, dass ich gerade eine **Motette** von Mozart höre, dann gucken die schon komisch. Aber mir gefällt das einfach."

Luftige Entdeckungstour

Ausgeklügelte Konstruktionen, Fußballspieler, Wasserspeier, Wanderfalken! Über den Dächern des Kölner Doms gibt es jede Menge Überraschendes zu entdecken.

Vierungsturm

Dort, wo der Volksaltar steht, erhebt sich auf dem Dach der **VIERUNGSTURM**. Von der 68 Meter hohen **AUSSICHTSPLATTFORM** dieses Turms hast Du einen perfekten Blick über die Innenstadt, den Rhein – und die beiden Türme an der Westfassade. Im **Mittelalter** war die Vierung noch nicht fertiggestellt – als Vierung bezeichnet man den Schnittpunkt von **LANG- UND QUERHAUS**. Daher gab es auch keinen Vierungsturm. Stattdessen stand über Jahrhunderte ein kleiner **Dachreiter** auf dem Chordach. Beim Weiterbau im 19. Jahrhundert wurde der Vierungsturm in nur einem Jahr errichtet. Er besteht aus einer Eisenkonstruktion. Auf der Spitze befindet sich der goldene Stern von Bethlehem – als Zeichen dafür, dass die Gebeine der Heiligen Drei Könige im Dom ruhen.

Pflanzen und gefiederte Jäger

Du denkst, hoch oben auf dem Dom gibt es nur Steine und Mauern? Weit gefehlt! Hier wachsen Löwenzahn, Weidenröschen oder Klatschmohn aus den Mauerritzen. Auch verschiedene Vogelarten sind auf dem Dom zu Hause. Weil aber Taubenkot die Steine angreift, wurden hier vor mehr als 35 Jahren Arnold und Agrippina angesiedelt. Das Wanderfalken-Pärchen nistete am Dom und machte Jagd auf die Tauben. Dem Nachwuchs von Arnold und Agrippina wurde es am Dom allerdings zu wuselig. Sie suchten sich einen ruhigeren Ort zum Nisten, zum Beispiel auf der Kirche Groß Sankt Martin in der Altstadt. Von Zeit zu Zeit kannst Du aber noch Wanderfalken am Dom beobachten.

Figuren

Auch in 45 Meter Höhe kannst Du am Dom wunderschön gearbeitete Steinfiguren und Ornamente entdecken. Aber hättest Du gedacht, dass sich dort das Kölner Dreigestirn, ein Funkemariechen, Spieler des 1. FC Köln und sogar das Vereinsmaskottchen **HENNES** tummeln? Als die Steinmetzen nach dem **Zweiten Weltkrieg** Schäden ausbesserten, ließ Dombaumeister Willy Weyres ihnen dabei gewisse Freiheiten. An Stellen, die früher mit Pflanzenmotiven verziert waren, arbeiteten die Bildhauer nun kleine Figuren aus und ließen ihrer Fantasie dabei freien Lauf …

Wasserspeier

Bereits im **Mittelalter** war den Dombaumeistern klar: Das Regenwasser muss unbedingt vom Dach abgeleitet werden, damit es nicht die Mauern angreift. Also bauten sie ein ausgeklügeltes System aus Rinnen, die schließlich in waagerecht aus der Mauer ragenden Figuren mündeten. Diese steinernen **WASSERSPEIER** spuckten das Regenwasser aus. Aber warum sehen sie so fantastisch oder sogar dämonisch aus? Weil sie das Böse vom Dom fernhalten sollten!

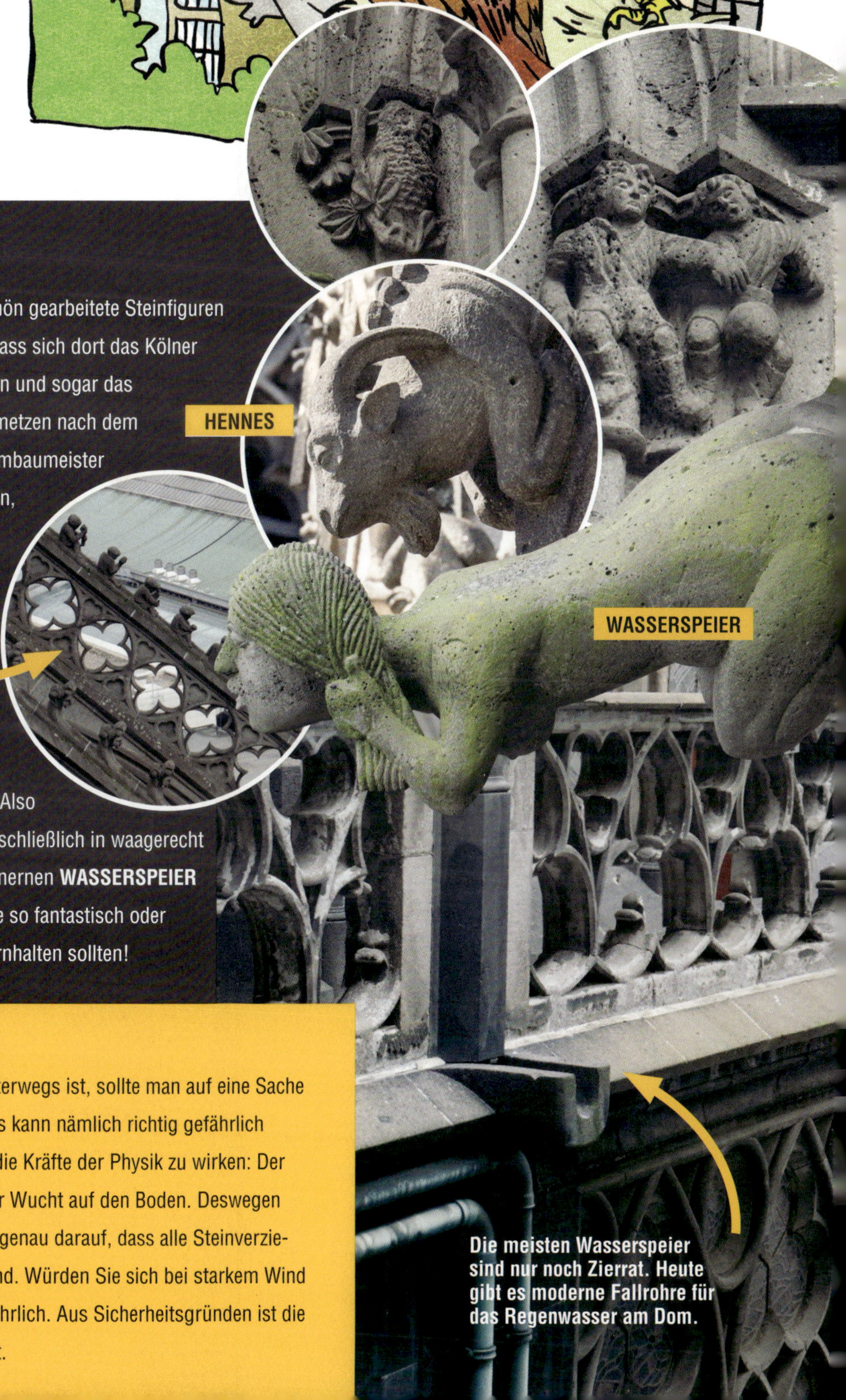

Die meisten Wasserspeier sind nur noch Zierrat. Heute gibt es moderne Fallrohre für das Regenwasser am Dom.

Achtung!

Wenn man auf dem Dach oder Südturm des Doms unterwegs ist, sollte man auf eine Sache unbedingt achten: Dass einem nichts herunterfällt! Das kann nämlich richtig gefährlich werden. Wenn etwas aus großer Höhe fällt, beginnen die Kräfte der Physik zu wirken: Der fallende Gegenstand wird schneller und fällt mit großer Wucht auf den Boden. Deswegen achten die Handwerker der Dombauhütte auch immer genau darauf, dass alle Steinverzierungen, vor allem oben am Dom, sehr gut befestigt sind. Würden Sie sich bei starkem Wind lösen und auf die Domplatte fallen, wäre das sehr gefährlich. Aus Sicherheitsgründen ist die Domplatte bei starkem Sturm deswegen auch gesperrt.

Gut bedacht

1860, ganze 30 Jahre vor dem Eiffelturm in Paris, entstand über Lang- und Querhaus des Doms eine ganz moderne Eisenkonstruktion. Damals war das Domdach eines der größten Eisenbauwerke in ganz Europa.

Dachstuhl

Wenn Du im Dom nach oben schaust, siehst Du die abgerundeten **GEWÖLBE**. Sie bilden aber nicht das Dach der Kathedrale. Stattdessen befindet sich darüber, in 45 Meter Höhe, ein riesiger Dachstuhl. Er besteht aus orangefarbenen Eisenträgern – eine Idee des Dombaumeisters Ernst Friedrich Zwirner, der den Dom ab 1842 weiterbaute. Im **Mittelalter** bestanden die vorhandenen Dachstühle noch aus Holz. Die Eisenkonstruktion machte den Dachstuhl leichter, widerstandsfähiger und weniger feuergefährdet. Das **DACH** selbst ist mit Blei gedeckt.

Auch der Vierungsturm ist aus Eisen errichtet. Er steht auf acht gewaltigen Gusseisenröhren.

Der Dachstuhl wird durch eine Vielzahl kleiner Dachfenster erhellt.

Kathedrale in Flammen

Sie ist so etwas wie eine Schwesterkirche des Kölner Doms: **NOTRE-DAME** in Paris. Genau wie der Dom ist Notre-Dame ein Bischofssitz, im gotischen Stil erbaut und der Nullpunkt von Paris. Gebaut wurde die Kathedrale von 1163 bis 1345, ihr Name bedeutet übersetzt „Unsere liebe Frau", gemeint ist damit Maria, die Mutter von Jesus. Für die Franzosen ist Notre-Dame so wichtig wie für die Deutschen der Kölner Dom. Doch im Frühjahr 2019 passierte ein schlimmes Unglück: In der Kathedrale brach ein Feuer aus, das den gesamten Dachstuhl und den Vierungsturm zerstörte. Der Dachstuhl war komplett aus Holz gebaut – aus insgesamt 1.300 Eichen. Die Mauern, die beiden großen Türme und fast alle Kunstwerke konnten aber zum Glück gerettet werden. Der französische Präsident hat versprochen, Notre-Dame so rasch wie möglich wiederaufbauen zu lassen.

Wie gut ist der Dom geschützt?

Nach der Katastrophe von Notre-Dame haben sich viele Menschen gefragt, ob so ein schlimmes Unglück auch im Kölner Dom passieren könnte. Ausschließen kann man so etwas nie. Der Dom hat einen Dachstuhl aus Eisen. Der gerät nicht so schnell in Brand wie ein Dachstuhl aus Holz. Auch sonst sind die Dombauhütte und die Kölner Feuerwehr gut vorbereitet: Außen am Dom gibt es **LÖSCHWASSERLEITUNGEN**, die direkt zum Dach hinaufführen. Rund um den Dom gibt es festgelegte Bereiche, die immer für die Drehleitern der Feuerwehr frei gehalten werden – sogar, wenn Weihnachtsmarkt ist! Die Feuerwehrleute begehen den Dom regelmäßig und üben das Anlegen der Leitern. Bei der Feuerwehr gibt es einen eigenen „Einsatzplan Dom". Und wenn im Dom der Alarm losgehen sollte, rücken sofort vier Löschzüge aus. Sie sind in wenigen Minuten da. Die zuständige Feuerwache in der Agrippastraße liegt nämlich nur einen Kilometer vom Dom entfernt. Das Wichtigste ist, einen Brand durch eine Vielzahl an Vorsichtsmaßnahmen zu vermeiden. Die Mitarbeiter achten zum Beispiel besonders darauf, wo sie brennbare Materialien sicher lagern.

Fett!

Wenn die Kölner vom „Decken Pitter" reden, dann meinen sie nicht einen sehr dicken Mann namens Peter – sondern die größte Glocke im Kölner Dom. Decke Pitter ist nur ihr Spitzname, offiziell heißt sie Sankt Petersglocke. Insgesamt elf Glocken gibt es im Dom. Drei hängen im Vierungsturm, die anderen im Südturm. Und, ja, dort hängt auch der Pitter.

Die Kaiserglocke …

… ist der Vorgänger vom Decken Pitter. Die Kölner hatten lange von einer großen Glocke geträumt; 1872 spendete der Kaiser endlich das Material, um die Glocke herzustellen. Dann hing die 27 Tonnen schwere Glocke im Südturm, 28 Mann brachten sie zum Schwingen – und es stellte sich heraus: Die trifft ihren Ton ja gar nicht! Im Jahr 1918 spendete das Domkapitel die Glocke, damit aus dem Material Waffen für den Ersten Weltkrieg hergestellt werden konnten.

Der Decke Pitter …

… wurde 1923 in Thüringen gegossen und in vier Tagen mit dem Zug nach Köln transportiert. Noch komplizierter war es, die Glocke in den Dom zu bekommen. Dafür musste das Hauptportal ausgebaut werden! Sonst hätte die 3,22 Meter breite Glocke nicht hindurchgepasst. Zwei Wochen dauerte es, bis sie an ihrem Gerüst aus Stahl in circa 50 Meter Höhe im Südturm hing. Doch die Mühe hat sich gelohnt: Der Pitter trifft genau den tiefen C-Ton, den man sich schon von der Kaiserglocke gewünscht hatte. Etwa 20 Mal im Jahr kannst Du ihn hören, zu besonderen Feiertagen wie Weihnachten, Ostern oder Pfingsten. Dann sorgen zwei Motoren dafür, dass der Decke Pitter zehn Minuten alleine läutet, danach stimmen andere Glocken mit ein. Und wenn der Pitter mal eine ganze Stunde lang läutet? Dann ist entweder der Papst oder der Kölner Erzbischof gestorben.

Angelusglocke und Wandlungsglocke ...

... sind die ältesten Glocken im Dom – und das älteste Geläut der westlichen Welt. Ein Geläut sind mindestens zwei Glocken, die gemeinsam einen schönen Klang ergeben. Die beiden Glocken wurden vor ungefähr 700 Jahren gegossen.

Die Mettglocke ...

... ist die kleinste Glocke im Dom. Sie wiegt „nur" 280 Kilogramm. Der Name hat übrigens nichts mit rohem Hackfleisch zu tun, sondern stammt von Mette, das ist ein Gottesdienst am frühen Morgen.

Josephsglocke und Kapitelsglocke

... sind die Glocken, die Du am häufigsten im Dom hören kannst. Die Kapitelsglocke läutet zur Morgenmesse, die Josephsglocke zur Abendmesse.

Am 6. Januar 2011 brach der alte Klöppel der Petersglocke und musste neu angefertigt werden. Im Dezember konnte die damalige Dombaumeisterin Barbara Schock-Werner den neuen Klöppel in die Arme nehmen.

WELTMEISTERWISSEN

So wird eine Glocke gegossen

Weil es früher kompliziert war, schwere Sachen zu transportieren, zogen die Glockengussmeister von Stadt zu Stadt, um die Glocke direkt vor Ort zu gießen. Vor der Kirche gruben sie zunächst ein Loch. Nun stell Dir drei Blumentöpfe vor, die Du ineinanderstapeln kannst: Als Erstes stellten die Glockengussmeister die innere Form her, also den kleinsten Topf. Darauf setzten sie den mittleren Topf und darüber den größten, die äußere Form. Dann hoben sie die äußere Form an, zerstörten den mittleren Topf und setzten die äußere Form wieder darauf. So entstand zwischen der inneren und der äußeren Form ein Hohlraum. Dort hinein gossen die Glockengussmeister die flüssige, heiße Bronze und ließen sie mehrere Tage abkühlen. Dann hoben sie das Loch aus und zerstörten die innere und die äußere Form. Wenn sie Glück hatten, ergab die Glocke genau den Ton, den sie sich gewünscht hatten. Übrigens: Archäologen haben unter dem Kölner Dom den Ort gefunden, an dem die Glocke Pretiosa im Jahr 1448 gegossen wurde.

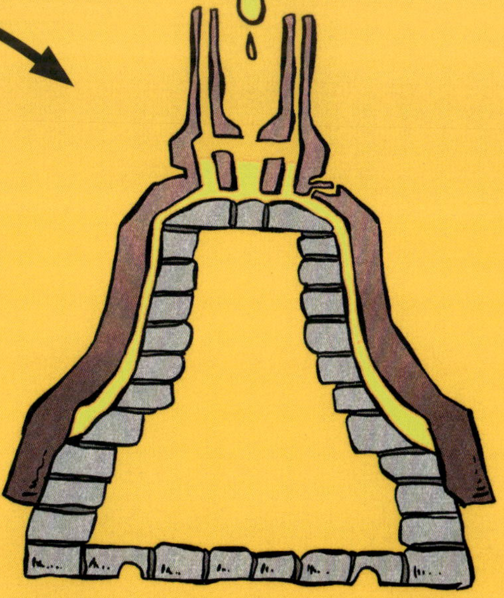

Wie läuft der **Gottesdienst** in einer der größten Kirchen der Welt ab?

Gibt es auch **Messen für Kinder**?

Was ist ein **Erzbistum**?

Wer kümmert sich darum, dass im Dom immer alles **reibungslos** läuft?

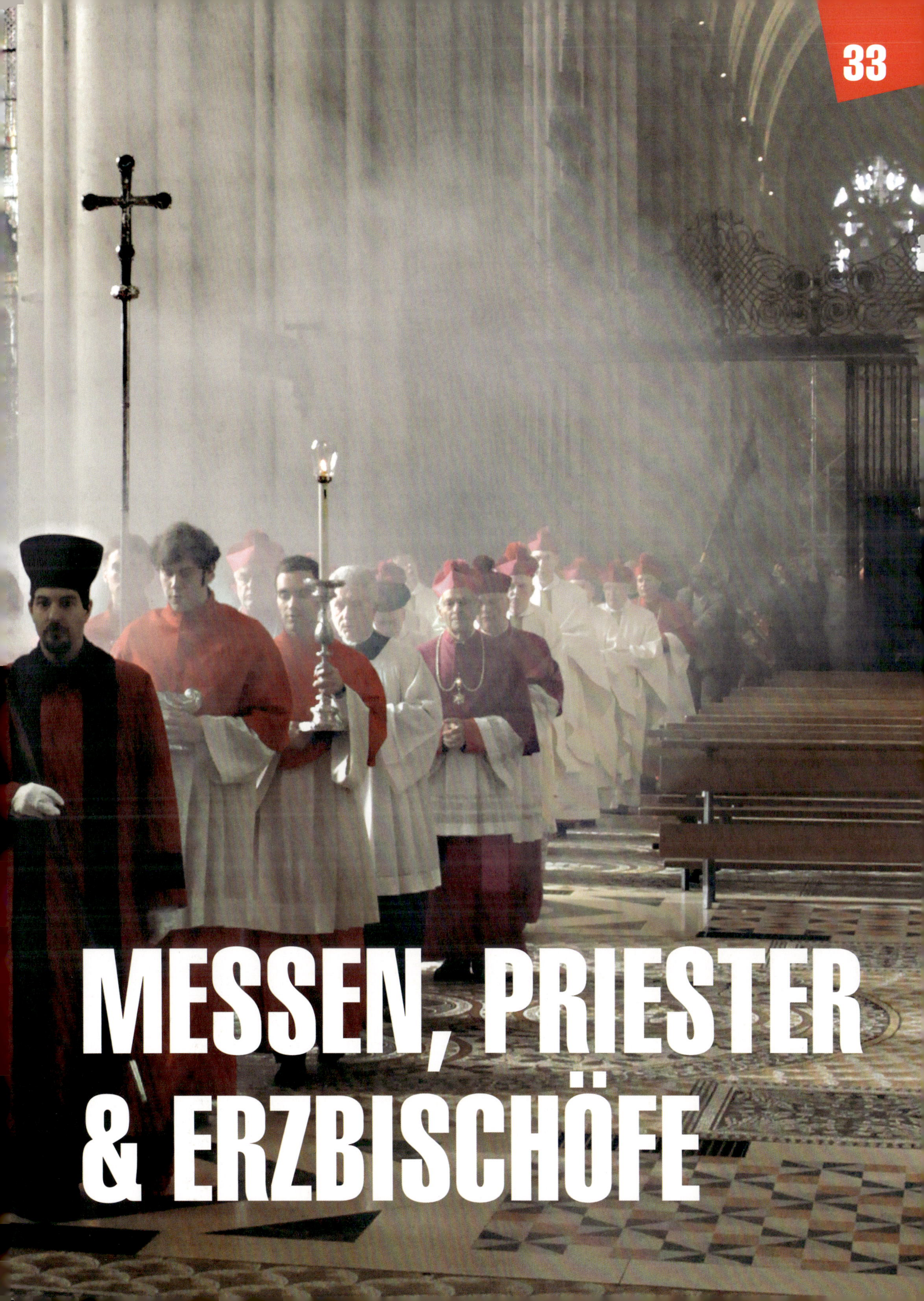

MESSEN, PRIESTER & ERZBISCHÖFE

Ein besonderes Erlebnis

Die Klänge der Orgel erfüllen den Dom und der Priester zieht mit einer Schar von Messdienern durch den Mittelgang zum Vierungsaltar. Überall flackern Kerzen und auf einmal wird die Stimmung ganz feierlich. Eine heilige Messe im Dom ist etwas Besonderes.

Die Gottesdienste

Die heilige Messe in Deiner Gemeinde feiert vermutlich meist derselbe Priester. Weil es im Dom aber so viele Gottesdienste gibt, wechseln die Priester, die zum Domkapitel gehören (mehr erfährst Du auf den nächsten Seiten), sich ab. Sie feiern die fünf Gottesdienste und das Mittagsgebet, die von Montag bis Samstag stattfinden, sowie die acht Gottesdienste sonntags. Der Gottesdienst am Sonntag um 10 Uhr ist besonders feierlich und wichtig – deshalb heißt er Hochamt. Wenn ein Priester aus dem Domkapitel ihn feiert, nennt man das Kapitelsamt. Feiern der Kardinal selbst oder ein Bischof die Messe, heißt sie Pontifikalamt. Beim Hochamt spielt auch der **Organist** und einer der vier Domchöre singt. Oft sind dann auch Priester aus anderen Städten oder Ländern zu Besuch und feiern den Gottesdienst gemeinsam mit den Dompriestern. Und je feierlicher die Zeremonie ist, desto mehr Messdiener helfen. Manchmal kommen auch sie aus anderen Gemeinden.

Größer und festlicher

Ein Gottesdienst im Kölner Dom läuft nicht viel anders ab als in einer anderen katholischen Gemeinde. Zumindest, was die Liturgie angeht. Damit sind die Elemente gemeint, die fest zu jedem Gottesdienst gehören, und die Reihenfolge, in der sie passieren. So gibt es natürlich auch bei einer heiligen Messe im Dom das Vaterunser, die Fürbitten, die Predigt, die Wandlung oder den Segen. Und auch hier singen die Gläubigen gemeinsam. Alles ist eben nur ein wenig größer und festlicher.

Extra für Kinder

Du möchtest gerne an einem Gottesdient im Dom teilnehmen? Kein Problem! Es gibt nämlich auch für Kinder besondere Gottesdienste im Dom, zum Beispiel einmal im Monat die Familienmesse. Rund um den 11. November werden der Sankt-Martins-Gottesdienst und an Heiligabend die Familienvesper gefeiert. Die größte Feier für Kinder im Kölner Dom ist das Dreikönigssingen! Kurz vor dem Tag der Heiligen Drei Könige am 6. Januar gibt es im Dom eine Aussendungsfeier, bei der der Kardinal alle Sternsinger in das Erzbistum schickt.

Die Gottesdienste im Überblick

Montag bis Samstag: 6.30, 7.15, 8.00, 9.00, 18.30 Uhr. Diese Gottesdienste sind recht klein, sie finden gewöhnlich in der Sakraments- oder Marienkapelle statt.
Montag bis Samstag: 12.00 Uhr Mittagsgebet – das ist etwas größer, findet vor dem Vierungsaltar statt und wird vom Organisten begleitet.
Sonntag: 7.00, 8.00, 9.00, 10.00, 12.00, 17.00, 18.00, 19.00 Uhr.

WELTMEISTERWISSEN

Die Priester und ihre Gewänder

Im Gottesdienst tragen die Priester meist unterschiedliche Farben. Aber sie können sich nicht einfach das Gewand aussuchen, auf das sie gerade Lust haben – die Farben stehen für bestimmte Tage:
Weiß: Tragen die Priester an Festtagen wie Weihnachten oder Ostern, geht aber auch an anderen wichtigen Feiertagen. **Rot:** Für Tage, die etwas mit Blutvergießen zu tun haben, zum Beispiel Karfreitag, den Tag, an dem Jesus gestorben ist, oder wenn andere Heilige für ihren Glauben gestorben sind. Rot steht auch für den Heiligen Geist. **Violett:** Gilt für Tage der Buße wie die Fastenzeit – zwischen Aschermittwoch und Ostern – und die Adventszeit, die ursprünglich auch einmal eine Fastenzeit war. **Schwarz:** Für Trauer, tragen die Priester daher oft zu Beerdigungen. **Grün:** Ist die Farbe der Hoffnung und kommt immer dann zum Einsatz, wenn nichts anderes Vorrang hat. Zwischen Pfingsten und dem ersten Advent tragen die Priester häufig Grün.

Zentrum des Erzbistums

Der Kölner Dom ist der Mittelpunkt des Erzbistums Köln. In der Vierung, dem zentralsten Ort der Kirche, steht die Kathedra, eine Art Bischofsthron. Seit 1952 ist das ein besonderer Stuhl aus Kirschbaumholz. Aber was genau bedeutet „Erzbistum“ und um welche Aufgaben kümmern sich die Domkapitulare?

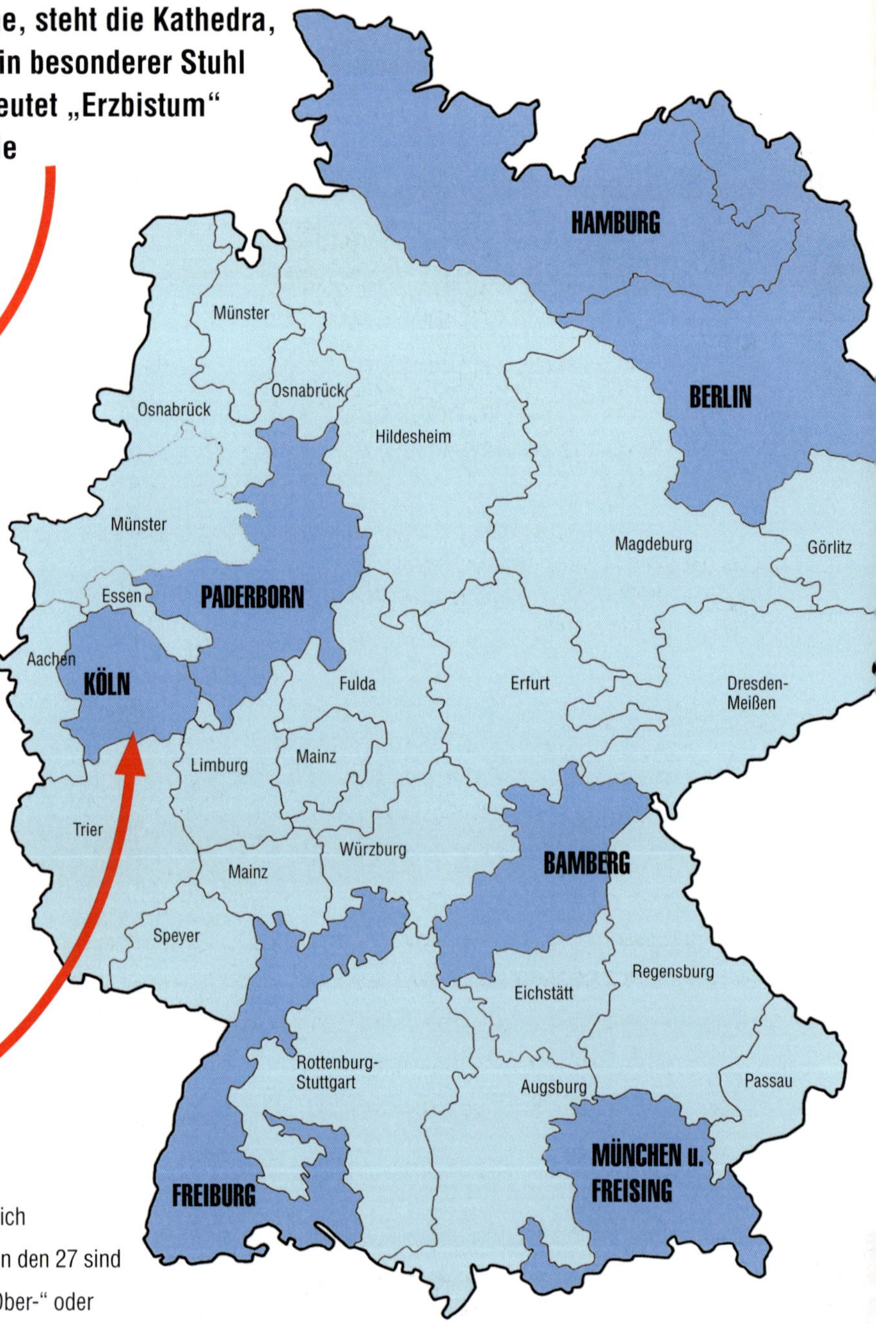

Ganz schön groß

Die katholische Kirche in Deutschland ist in 27 Bezirke aufgeteilt. Diese heißen Bistümer oder Diözesen. Geschichtlich besonders wichtige Bistümer nennen sich Erzbistümer – von den 27 sind sieben Erzbistümer. Die Vorsilbe „Erz-“ bedeutet nämlich „Ober-“ oder „Höchst-“. Der Leiter eines Bistums heißt Bischof, der eines Erzbistums Erzbischof. Zum Erzbistum Köln gehören fast zwei Millionen Katholiken – es ist das größte in Deutschland. Zusätzlich hat es eine Art „Oberherrschaft“ mit den Bistümern in Aachen, Essen, Limburg, Münster und Trier. Gemeinsam bilden sie die Kölner Kirchenprovinz. Der Kölner Erzbischof steht dieser Provinz vor – deswegen heißt er auch Metropolit und das Erzbistum Köln ist ein Metropolitanbistum.

Hohes Amt

Nur Männer dürfen sogenannte Weiheämter bekleiden, also Diakon, Priester oder Bischof werden. Sie müssen katholisch sein und dürfen nicht heiraten. Ein junger Mann in der Priester-Ausbildung hat meist Theologie, also Religion, studiert. Als Erstes wird er zum Diakon – zu einem Assistenten des Priesters – geweiht. Im zweiten Schritt wird er zum Priester geweiht und kümmert sich um eine Gemeinde. Erst im dritten Schritt wird er zum Bischof geweiht. Als Bischof wacht er darüber, dass sich die Priester in seinem Bistum an die Regeln der katholischen Kirche halten, und leitet an besonderen Feiertagen den Gottesdienst. Und er allein spendet die Diakonen- und Priesterweihe.

Einige der Domkapitulare mit ihrem Chef, Dompropst Gerd Bachner, und seinem Stellvertreter, Domdechant Robert Kleine.

Das Domkapitel

Die Männer, die am Kölner Dom das **Hausrecht** wahrnehmen, werden Domkapitulare genannt und bilden das Domkapitel. Ihre wichtigste Aufgabe ist es, die vielen Gottesdienste im Dom zu leiten. Sie **verwalten** aber auch die Kunstwerke im und am Dom und sorgen dafür, dass das alte Gebäude in einem guten Zustand bleibt – damit haben sie die Dombauhütte beauftragt. Wenn ein neuer Erzbischof gesucht wird, reicht das Domkapitel dem Papst in Rom eine Liste mit Namen ein. Der Papst entscheidet sich für drei Namen und schickt sie an das Domkapitel zurück. Aus diesen wählt es dann den neuen Erzbischof.

Die Domkapitulare

Insgesamt gibt es 16 Domkapitulare – alle sind Priester. Der Chef ist der Dompropst, sein Stellvertreter der Domdechant. Außerdem sitzen im Domkapitel Priester, die wichtige Positionen im Erzbistum Köln haben. Dazu gehört der Generalvikar, der den Erzbischof vertritt, wenn der keine Zeit hat. Oder der Regens – der Leiter des **PRIESTERSEMINARS**, in dem Priester ausgebildet werden. Fast alle Kapitulare wohnen in der „Domherrensiedlung" ein paar Minuten zu Fuß vom Dom entfernt. Übrigens: Der Erzbischof gehört nicht zum Domkapitel. Er bestätigt aber neue Mitglieder.

PRIESTERSEMINAR

Während ihrer Ausbildung zum Priester leben und arbeiten die Kandidaten mit ihren Lehrern und anderen Ordensleuten im Priesterseminar Köln.

„Als Dompropst trage ich die Verantwortung für alles, was am Dom geschieht, und sorge dafür, dass sich Menschen aus aller Welt willkommen fühlen. Besonders mag ich, dass ich täglich in dieser wunderbaren Kirche Gottesdienst feiern darf."

Gerd Bachner, Dompropst

WELTMEISTERWISSEN

Der Unterschied zwischen Kardinal und Bischof

Der Kölner Erzbischof heißt bekanntlich Rainer Maria Kardinal Woelki. Ist er also Erzbischof oder Kardinal? Er ist beides! Das Wort „Kardinal" ist eine besondere Auszeichnung, die der Papst den Männern – fast immer sind das Bischöfe – verleiht, die ihm wichtig sind. Diese ernannten Kardinäle sind es auch, die gemeinsam einen neuen Papst wählen.

Katholische Köpfe

95 – so viele Bischöfe oder Erzbischöfe gab es bereits in Köln. Mindestens! Denn obwohl die Menschen schon im frühen Mittelalter die Bischöfe aufgeschrieben haben, sind manche Listen wohl verloren gegangen. Klar ist aber: Ganz oben auf der Liste steht der heilige Maternus. Wir stellen Dir einige besonders wichtige Kölner Bischöfe vor.

Maternus

Er war um das Jahr 313, also vor mehr als 1.700 Jahren Bischof von Köln. Vielleicht gab es vor Maternus sogar noch andere Bischöfe in Köln, sein Name ist aber der erste, den wir kennen. Er taucht nämlich auf den Teilnehmerlisten von zwei großen Kirchenversammlungen auf. Möglicherweise kannte Maternus sogar den römischen Kaiser Konstantin persönlich.

Rainald von Dassel

Sein Name kommt Dir bereits bekannt vor? Kein Wunder, schließlich war es Rainald von Dassel, der die Gebeine der Heiligen Drei Könige nach Köln brachte. Er war von 1159 bis 1167 Erzbischof von Köln. Rainald von Dassel war damals zugleich ein wichtiger Politiker und unterstützte Kaiser Friedrich Barbarossa bei seinen Aufgaben. Früher waren die Erzbischöfe nämlich nicht nur Kirchenmänner, sondern auch mächtige Fürsten.

PETRUSSTAB

Bischofsstab

Wenn ein Bischof geweiht wird, lässt er sich häufig einen Bischofsstab anfertigen. In der Schatzkammer des Doms kannst Du verschiedene Exemplare vom **Mittelalter** bis zur Gegenwart bewundern. Noch älter ist der **PETRUSSTAB** aus dem vierten Jahrhundert. Als der Kölner Erzbischof Joachim Meisner in den Ruhestand ging, übergab er diesen Stab an seinen Nachfolger Rainer Maria Woelki. Danach musste die Kostbarkeit schnell zurück in die sichere Schatzkammer. Im Alltag benutzt Kardinal Woelki einen anderen Stab.

Clemens August von Bayern

Magst Du Schlösser? Dann hast Du etwas mit Erzbischof Clemens August von Bayern gemeinsam. Er war von 1723 bis 1761 Erzbischof – und er liebte schöne Gebäude. Deswegen ließ er rund um Köln zahlreiche davon bauen. Vielleicht kennst Du ja die Schlösser Augustusburg und Falkenlust in Brühl oder das Schloss Poppelsdorf in Bonn. Dort empfing Clemens August viele wichtige Gäste und feierte große Feste. Seine kirchlichen und politischen Leistungen waren allerdings umstritten.

Konrad von Hochstaden

Auch seinen Namen hast Du vielleicht schon einmal gehört. Konrad von Hochstaden war von 1238 bis 1261 Erzbischof und legte 1248 den Grundstein für den Bau des neuen, gotischen Doms. Auch er war ein sehr mächtiger Fürst und legte sich oft mit anderen Adligen in der Umgebung an. Deswegen wurde er sogar gefangen genommen und einige Monate auf Burg Nideggen in der Eifel eingesperrt.

Josef Kardinal Frings

Aus seinem Nachnamen haben die Kölner ein Verb geformt: fringsen. Das bedeutet, lebenswichtige Dinge wie Nahrung oder Kohle zu stehlen, um nicht zu verhungern oder zu erfrieren. In seiner Silvesterpredigt im Jahr 1946 hatte Josef Kardinal Frings den Gläubigen nämlich erlaubt, sich das zu nehmen, was sie zum Leben dringend benötigten. Denn damals, nach dem **Zweiten Weltkrieg**, ging es den Menschen unglaublich schlecht. Gleichzeitig rief er sie aber dazu auf, nicht zu richtigen Dieben zu werden. Josef Frings war von 1942 bis 1969 Erzbischof in Köln und sehr beliebt bei den Menschen. Unter der Orgelempore siehst Du ein Gemälde von ihm, das ihn beim Geigespielen zeigt.

„Schon als Kind habe ich immer von der ‚Schäl-Sick‘ auf die beiden spitzen Türme geschaut. Heute beginnt meine Freude auf zu Hause bereits, wenn ich diese auf dem Rückweg von Terminen aus der Ferne erblicke. Auch als Erzbischof ist der Dom wichtig für mich: Hier feiere ich die heilige Messe vor dem Schrein der Heiligen Drei Könige und eingetaucht in das wundervolle Licht, das durch die hohen Fenster fällt und unsere gotische Kathedrale so einmalig macht. Ich lade Dich herzlich ein, diese Atmosphäre einmal selbst zu erleben. Ich würde mich freuen, wenn wir uns im Dom begegneten.“

Erzbischof Rainer Maria Kardinal Woelki

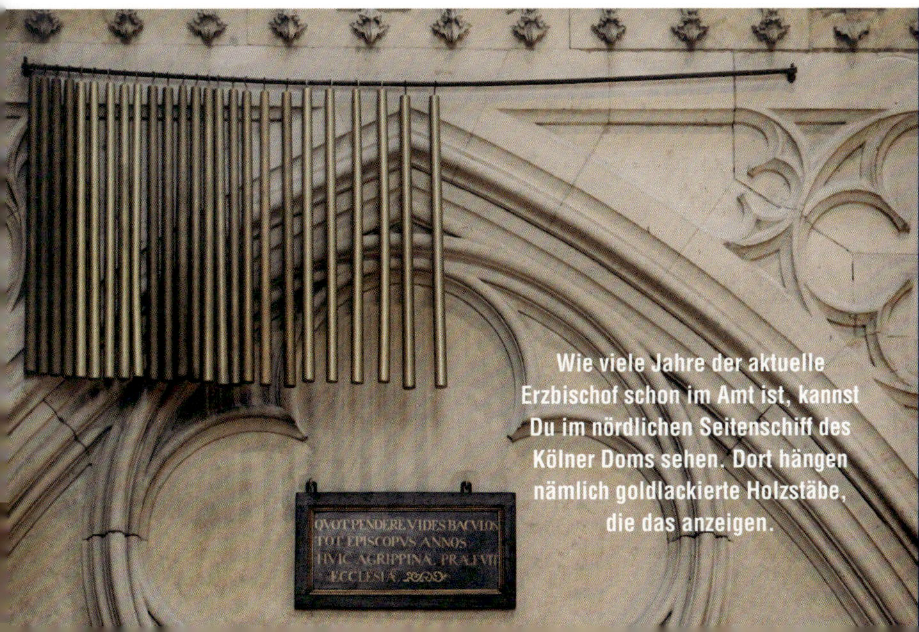

Wie viele Jahre der aktuelle Erzbischof schon im Amt ist, kannst Du im nördlichen Seitenschiff des Kölner Doms sehen. Dort hängen nämlich goldlackierte Holzstäbe, die das anzeigen.

MENSCHEN IM DOM

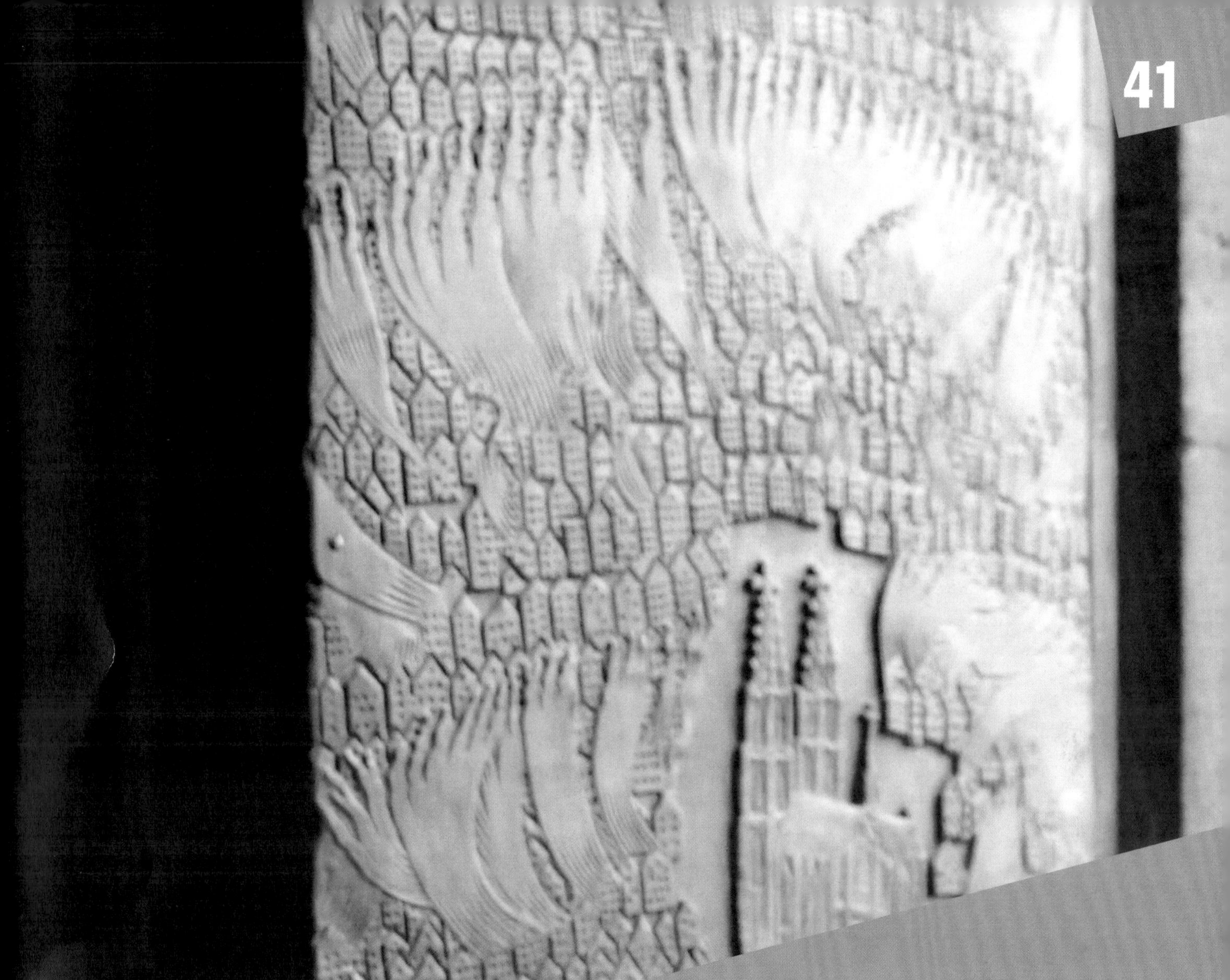

Was macht ein **Domschweizer**?

Wer **hütet** die Kostbarkeiten in der **Schatzkammer**?

Wo werden **Zeichnungen, Pläne und Fotos** vom Dom aufbewahrt?

Warum buddeln **Archäologen** so gerne in der Erde?

Hüter des Doms

Schon am Eingang begrüßen sie Dich: die Domschweizer in ihren roten Gewändern. Marco Felgenheuer ist einer von ihnen: „Ich gebe jeden Tag mein Bestes, damit dem Dom nichts passiert." Aber die Domschweizer tun noch viel mehr für den Dom. Wir haben Marco bei seinem Dienst begleitet.

5.40 Uhr

5.40 Uhr

Im Aufenthaltsraum hängt Marco seine Lederjacke in den Spind und zieht den roten **Talar** an. Es gibt einen gefütterten für den Winter und einen dünneren für den Sommer. „Darunter tragen wir unsere normale Kleidung. Im Sommer auch kurze Hose und T-Shirt", verrät er. Marco holt das Funkgerät – damit kann er zu den Kollegen Kontakt aufnehmen, falls etwas passiert.

5.50 Uhr

5.50 Uhr

Marco geht in die **Sakristei**. Weil er heute Chef der Schicht ist, spricht er sich mit den **Küstern** ab. Die Domschweizer helfen den Küstern und bedienen in den Gottesdiensten auch Glocken, Licht und Lautsprecher. In den großen Messen sonntags begleiten sie die Priester oft in die Kirche hinein und organisieren die **Kollekte**. Auf einer Art Stundenplan schaut Marco nach, welcher Priester an diesem Morgen die Beichte hört. Er hängt das entsprechende Namensschild vor der Kapelle auf.

6.00 Uhr

In der Sakristei hat sich Marco ein Schlüsselset geholt. Daran ist unter anderem der große Portalschlüssel befestigt. Pünktlich um sechs Uhr kann Marco damit den Dom für die Besucher öffnen. Einer seiner Kollegen stellt sich am Eingang auf.

6.20 Uhr

Hättest Du gedacht, dass es am Kölner Dom Mülltonnen gibt? Die stehen hinter einem kleinen Seiteneingang auf der Südseite. Marco stellt die Tonnen vor die Tür. So früh morgens kann die Müllabfuhr noch bis dorthin fahren und die Tonnen leeren.

6.00 Uhr

Jeder Domschweizer trägt den Schlüsselbund mit dem großen Portalschlüssel bei sich.

8.30 Uhr

Am Hauptportal löst Marco seinen Kollegen ab. Er beobachtet die Besucher genau, kontrolliert zwischendurch Taschen. „Mit der Zeit entwickeln wir eine gute Menschenkenntnis und wissen, wer Probleme machen könnte." Besucher, die betrunken oder aggressiv sind, müssen draußen bleiben.

9.00 Uhr

Marcos Kollegen stehen jetzt in der Turmhalle und tragen eine Box, in welche die Leute Geldspenden werfen können. Marco macht einen Rundgang und schließlich Pause. Das nennen die Domschweizer „Laufplan". „So müssen wir nicht den ganzen Tag nur auf einer Position stehen." Kleines Ratespiel: Was werden die Domschweizer am häufigsten gefragt? „Wo es zur Turmbesteigung geht", sagt Marco. Antwort: Raus, links, runter, rauf. In den Turm gelangen die Besucher nämlich von der Südseite aus.

11.45 Uhr

Die Vorbereitungen für das Mittagsgebet laufen. Marco zündet die Kerzen am Hauptaltar an. Dafür hat er ein ganz besonderes Feuerzeug: Es ist zwei Meter lang – und kann noch weiter ausgefahren werden. Wenige Minuten vor zwölf Uhr legt Marco die Schalter der Glocken um, die läuten sollen. Woher er weiß, welche Glocken wann dran sind? Das steht in der sogenannten Läuteordnung, die auf der Innenseite eines Wandschrankes mit Holztüren hängt.

13.30 Uhr

In zehn Minuten hat Marco Feierabend. Er hängt den Schlüssel zurück an seinen Platz, geht in den Aufenthaltsraum und bespricht sich mit den Kollegen aus der Spätschicht. Die müssen am Nachmittag, wenn viele Besucher da sind, besonders gut kontrollieren. Dann zieht Marco seine Lederjacke wieder an. Er hat nie bereut, sich als Domschweizer beworben zu haben. „Es macht mir Spaß, auf Leute zuzugehen", sagt er. „Und außerdem bin ich stolz, im Wohnzimmer von Köln tätig zu sein."

Insgesamt 30 Domschweizer arbeiten rund um die Uhr in der Kathedrale, immer zwei bis fünf zusammen in einer Schicht: 26 Männer und vier Frauen. Seit April 2019 verstärken erstmals Domschweizerinnen das Team!

Arbeitsplatz: Kölner Dom

Sie buddeln in der Erde, hüten wertvolle Schätze, feiern Gottesdienste: Für die gotische Kathedrale arbeiten viele fleißige Menschen mit ganz unterschiedlichen, spannenden Berufen.

KLAUS HARDERING

„Ich dachte, dass der Dom mir irgendwann langweilig werden würde – aber das hat er nicht geschafft."

Der Leiter des Dombauarchivs

Dass **KLAUS HARDERING** am Dom arbeitet, war „ein Sechser im Lotto": Als er Kunstgeschichte studierte, lernte er, dass es im Chorgestühl eine einzigartige geschnitzte Tänzerin gibt. Auf einer Studienreise sah er aber fast die gleiche Tänzerin im Magdeburger Dom. „Da dachte ich mir: Die kann ja nicht so einzigartig sein." Klaus Hardering schrieb einen Aufsatz über die Tänzerin und bekam ein Praktikum am Dom. Seit rund 30 Jahren ist er nun hier und leitet seit zwölf Jahren das Dombauarchiv. Dort werden alle Zeichnungen, Pläne, Bücher und Fotos vom Kölner Dom aufbewahrt. Und zwar aus 200 Jahren! „Ich weiß natürlich nicht alles, was darin steht, aber ungefähr, wo was ist." Ins Archiv kommen zum Beispiel Wissenschaftler, die über den Kölner Dom forschen. Klaus Hardering selbst forscht auch über die Kunstwerke in der Kirche. Und wenn eines restauriert werden muss, sucht er im Archiv die entsprechenden Pläne und Modelle und gibt sie an die Experten in der Dombauhütte weiter.

RUTH STINNESBECK

„Es ist toll, dass ich mich mit 2.000 Jahren Kölner Geschichte befassen kann."

Am häufigsten finden die Archäologen Keramikscherben. Früher haben die Leute nämlich ihr Essen in Krüge verpackt. Die sind irgendwann zerbrochen und sie haben die Scherben weggeworfen.

Die Archäologin

Am liebsten gräbt **RUTH STINNESBECK** in der Erde. Sie ist nämlich Archäologin am Kölner Dom. Zusammen mit ihren Kollegen versucht sie herauszufinden, was dort war, wo heute der Dom steht. Und das kann sie anhand von Dingen feststellen, die sie im Boden findet. Je tiefer etwas in der Erde liegt, desto länger liegt es dort schon. Erst seit dem Ende des **Zweiten Weltkrieges** dürfen die Archäologen überhaupt unter dem Dom graben. Vorher war das verboten, weil niemand den schönen Fußboden zerstören sollte. Aber damals war so viel kaputt, dass Handwerker sowieso kontrollieren mussten, ob die Fundamente noch stabil waren. Archäologen gingen mit – und entdeckten zunächst Mauern des Alten Doms und später sogar kostbare Gräber aus dem sechsten Jahrhundert! In den vergangenen Jahren haben die Archäologen 260.000 Objekte gefunden – jedes einzelne wird untersucht, beschrieben, fotografiert und gezeichnet.

Die Domküsterin

In einer gewöhnlichen Kirche ist der **Küster** so etwas wie der Hausmeister: Er repariert kleine Dinge oder bestellt Kerzen für den Gottesdienst. Der Küster reinigt aber auch den Altar, läutet eine Viertelstunde vor dem Gottesdienst die Glocken und hilft dem Priester, sich umzuziehen. „Im Dom ist aber alles etwas anders", sagt **JUDITH MAURER.** Sie ist seit drei Jahren Küsterin am Dom. Weil im Dom so viele Gottesdienste an einem Tag gefeiert werden, sind sie und ihre beiden Kollegen die meiste Zeit damit beschäftigt, diese vorzubereiten, die verschiedenen Altäre zu schmücken und die richtigen Gebete in den Messbüchern herauszusuchen. Oft werden hier morgens zwölf Gottesdienste kurz nacheinander gefeiert – da müssen die Küster für jeden Priester das richtige Messgewand rauslegen und Kelch, Kännchen und Hostien bereitstellen.

„Diese Arbeit ist meine Leidenschaft."

JUDITH MAURER

ROBERT KLEINE

„Ich versuche, den Dom zu einem Ort zu machen, den die Menschen gerne besuchen."

Der Domdechant

ROBERT KLEINE hat ähnliche Aufgaben wie der Priester in Deiner Gemeinde zu Hause, nur dass er sich nicht um eine feste Gruppe von Gläubigen kümmert, sondern um Menschen aus aller Welt. Als Domdechant legt er in einem Dienstplan fest, wer wann welchen Gottesdienst leitet. Er ist der Ansprechpartner für Küster, Domschweizer oder Messdiener und er entscheidet, wie der Dom in der Weihnachtszeit geschmückt wird. Natürlich feiert Robert Kleine auch selbst Gottesdienste – fast jeden Morgen. Der Domdechant ist automatisch auch Mitglied des Domkapitels und Stellvertreter des Dompropstes. „Das ist eine der schönsten Aufgaben am Kölner Dom." Robert Kleine kümmert sich aber nicht nur um die Menschen, die in den Dom kommen, sondern auch um tierische Besucher. Bei einer seiner Predigten saß zum Beispiel eine Meise im Blumenschmuck und hat fröhlich gezwitschert – und einmal hat er sogar eine total erschöpfte Fledermaus nach draußen in die Freiheit gerettet.

Die Leiterin der Domschatzkammer

Wenn in einem Museum Becher und Teller aus dem **Mittelalter** ausgestellt sind, käme niemand auf die Idee, sie zu benutzen. In der Domschatzkammer ist das anders. „Alle Objekte hier können theoretisch in den Gottesdiensten eingesetzt werden", sagt **LEONIE BECKS**. Bevor sie benutzt werden, prüft die Chefin der Schatzkammer, ob mit den Objekten alles in Ordnung ist. Schließlich sind die Schätze aus Gold, Silber und Edelsteinen nicht nur wertvoll, sondern oft auch sehr alt. Leonie Becks kann stundenlang spannende Geschichten über die Schätze erzählen. Zweimal im Jahr organisiert sie besondere Ausstellungen in der Domschatzkammer. Manchmal kommen auch neue Objekte hinzu, zum Beispiel wenn Bischöfe dem Dom kostbare Dinge vererben. Dann versucht Leonie Becks, so viel wie möglich darüber herauszufinden. Die Domschätze kannst Du übrigens in den ausgebauten historischen Kellergewölben des 13. Jahrhunderts an der Nordseite des Kölner Doms bewundern.

LEONIE BECKS

„Am meisten mag ich an meinem Beruf, dass er so vielseitig ist."

… kehrt Stille in der großen Kirche ein. Aber Moment mal: Was war das für ein schrilles Quietschen? Und hat sich der Schatten der großen Säule gerade bewegt? Wir haben für Dich das gemacht, was kein normaler Besucher darf – und eine Nacht im Kölner Dom verbracht.

Nachts hörst Du im Dom die verrücktesten Töne! Das durchdringende Quietschen? Das sind bremsende Züge, die gleich nebenan in den Hauptbahnhof einfahren. Sogar die Durchsagen der Bahnmitarbeiter sind zu hören: „An Gleis sieben fährt ein …". Auch das Martinshorn von Polizei oder Feuerwehr dringt durch die hohen Fenster. Manchmal rütteln auch Menschen an den Türen – und versuchen, in den Dom zu gelangen. Erfolglos natürlich! Doch auch die alte Kirche selbst erzeugt viele Geräusche: Die Holzbänke knarzen und feiner Putz rieselt von den Wänden. Angeblich kann man manchmal aus der Krypta unter dem Dom Stimmen hören. Ob das wahr ist? Oder sind das bloß Geistergeschichten? Und dann wird es schlagartig laut! Wenn der Organist an der großen Orgel übt.

Fast überall wird das elektrische Licht gelöscht. Der Chorumgang liegt dann in tiefem Schwarz. Richtig romantisch wird es übrigens bei Vollmond. Denn wenn das Mondlicht durch die bunten Scheiben des Fensters von Gerhard Richter fällt, sieht es aus, als funkelten tausend Kristalle. Wunderschön!

Völlig menschenleer ist der Dom auch nachts nicht: Die Organisten proben an ihren Instrumenten und zwei Wächter passen auf die Kathedrale auf. Die Nachtwächter entfernen aber auch ausgebrannte Kerzenbehälter, säubern die Ständer und legen neue Kerzen für den nächsten Tag heraus. Sie rücken die Kirchenbänke zurecht, bringen Gebetbücher zurück, sammeln vergessene Handschuhe oder Schals ein, heben Müll auf und kehren einmal grob durch. Im Morgengrauen rückt dann die Putzkolonne an. Und um sechs Uhr werden alle Türen wieder für Besucher aufgeschlossen.

WELTMEISTERWISSEN

Das bedeutet „Gotik"

Als der Kölner Dom entstand, war ein Baustil überaus angesagt: die Gotik. Sie wurde von den Franzosen um das Jahr 1140 entwickelt und verbreitete sich fast überall in Europa. Gotische Kathedralen sind zumeist sehr hoch, sehr filigran und besitzen riesige Fenster. Ihre Stabilität verdanken sie einer besonderen Bauweise: Neben starken Fundamenten – sie sind am Südturm des Kölner Doms bis zu 16 Meter tief im Boden – und Pfeilern außerhalb und innerhalb des Gebäudes ist das **Strebewerk** besonders wichtig. Es besteht aus Bögen, die das Gewicht der Gewölbe auffangen und vom Bau wegleiten, und aus Pfeilern, die es weiter nach unten zu den Fundamenten umleiten. Sie sind die Stützen für die Kathedrale. Das Strebewerk kannst Du außen am Bau sehr gut sehen.

IN DER DOMBAUHÜTTE

Wer war **Meister Gerhard**?

Warum dürfen manche Handwerker **keine Höhenangst** haben?

Woher kommen die **Steine**, mit denen der Dom gebaut wurde?

Wie wird man **Steinmetz**?

Was macht der **ZDV**?

Katholisch und schwindelfrei

2015 bestiegen Dompropst Gerd Bachner und Dombaumeister Peter Füssenich die Kreuzblume des Nordturms.

Der erste hieß Gerhard. Seinen Nachnamen wissen wir nicht. Der aktuelle heißt Peter. Seinen Nachnamen kennen wir: Füssenich. Mindestens 18 Dombaumeister gab es in der Geschichte des Kölner Doms. Nur einer von ihnen war eine Frau: Barbara Schock-Werner arbeitete von 1999 bis 2012 als Dombaumeisterin. Hier erfährst Du, was diese Experten genau machen.

Bauherr & Teamplayer

Der Dombaumeister ist der Chef auf der Baustelle Kölner Dom. Er entscheidet, was getan werden muss, um den Dom zu erhalten. Er spricht sich mit dem Domkapitel, der Stadt Köln, dem Zentral-Dombau-Verein und vielen anderen ab. Er steht in Kontakt mit den Wissenschaftlern der Dombauhütte. Er **verwaltet** das Geld und entscheidet, wer die Restaurierungen ausführt. Denn der Dombaumeister kann natürlich nicht alles allein machen. Dafür stehen ihm die Mitarbeiter aus der Dombauhütte zur Seite. Ungefähr 100 Menschen arbeiten dort – damit ist die Kölner Dombauhütte die größte in ganz Deutschland. Aber der Kölner Dom ist ja schließlich auch eine der größten Kirchen der Welt.

Meisterleistung

Vom allerersten Dombaumeister in Köln weiß man nur seinen Vornamen: **MEISTER GERHARD**. Und dass er sehr talentiert gewesen sein muss. Schon im 13. Jahrhundert hat er sich ganz genau ausgedacht, wie der Kölner Dom aussehen und gebaut werden soll. Das war damals eine unfassbare Leistung, denn es gab ja noch keine motorbetriebenen Baukräne, Lkw oder andere moderne Maschinen. Experten sind sich sicher, dass Meister Gerhard in Frankreich gelernt und gearbeitet haben muss. Denn von dort stammt der Stil der Gotik, in dem auch der Dom gebaut ist.

MEISTER GERHARD

Rekordverdächtig

Im Mittelalter folgten auf Meister Gerhard noch mindestens acht Dombaumeister. Während der 300 Jahre, in denen nicht am Dom gearbeitet wurde, gab es auch keinen Baumeister, weil nur die nötigsten Schäden repariert wurden. Als die französischen Soldaten Köln besetzt hatten, passierte gar nichts am Dom. Die Folge: Das stattliche Bauwerk kam derart herunter, dass sogar Bäume aus seinem Mauerwerk herauswuchsen. Stell Dir das einmal vor! Für die beiden ersten Dombaumeister nach dem Baustopp – Ernst Friedrich Zwirner und Richard Voigtel – gab es also richtig viel zu tun. Während dieser Zeit arbeiteten zeitweise mehr als 500 Menschen in der Dombauhütte. In nur 38 Jahren stellten sie den Dom fertig.

Früher & heute

BARBARA SCHOCK-WERNER

Man müsse katholisch und schwindelfrei sein, um Dombaumeister zu werden, hat die frühere Dombaumeisterin **BARBARA SCHOCK-WERNER** einmal gesagt. Natürlich müssen diese Experten noch viel mehr können. Heutzutage haben die meisten Dombaumeister Architektur studiert und sich auf den Bereich Denkmalpflege spezialisiert. Menschen, die in der Denkmalpflege arbeiten, erhalten alte Gebäude oder Kunstwerke. Früher, im **Mittelalter**, war die Ausbildung ganz anders: Damals waren die Dombaumeister zumeist sehr gute, erfahrene Steinmetzen. Und doch: Die zentralen Aufgaben sind in all der Zeit gleich geblieben – den Dom bauen, restaurieren und schützen.

Einfallsreich

Nach dem **Zweiten Weltkrieg** schafften es Dombaumeister Willy Weyres und seine Mitarbeiter, den stark zerstörten Dom in nur elf Jahren wieder so herzustellen, dass er in allen Bereichen geöffnet werden konnte. Bei den Restaurierungen konnten die Bildhauer ihrer Fantasie freien Lauf lassen und schufen kleine Figuren, zum Beispiel Fußballspieler. Der nächste Dombaumeister, Arnold Wolff, hatte für solch verrückte Ideen wenig übrig. Seitdem versuchen alle Dombaumeister, den Dom so originalgetreu wie möglich zu belassen. Und darum kümmert sich seit 2016 Peter Füssenich.

Pakt mit dem Teufel

Von Meister Gerhard waren die Menschen im Mittelalter so beeindruckt, dass sie sich viele Geschichten über den legendären Dombaumeister ausgedacht haben. Die berühmteste geht so: Als Meister Gerhard den Auftrag bekam, einen neuen Dom zu bauen, merkte er schnell, dass seine Pläne nicht aufgehen würden. Eines Tages stand ein Mann vor ihm und zeichnete einen perfekten Bauplan in den Sand. Als Bezahlung verlangte der Mann Meister Gerhard selbst, seine Frau und seinen Sohn – falls der Dom in drei Jahren komplett fertig gebaut sein würde. Meister Gerhard ging den Pakt ein. Der Mann war übrigens der Teufel. Wie dem auch sei: Die drei Jahre waren fast um – und der Dom war fast fertig. Als die letzte Nacht des dritten Jahres anbrach und der letzte Stein gesetzt werden sollte, ahmte Meister Gerhards Sohn das Schreien eines Hahnes nach, als Zeichen dafür, dass ein neuer Tag angebrochen war. Alle anderen Kölner Hähne stimmten mit ein – und die Frist von drei Jahren war verstrichen, ohne dass der Dom vollendet war. Glück gehabt! Meister Gerhard und seine Frau überlebten, doch der Dom stürzte ein.

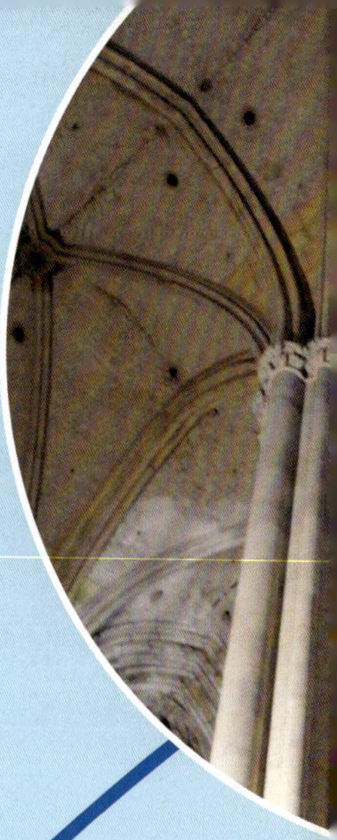

Stein-Reiche

Gäbe es keinen Wind, keinen Regen, keine verschmutzte Luft und keinen Krieg, dann wäre der Dom ganz schön gemustert: an manchen Stellen ockerfarben, an anderen fast weiß. Und an wieder anderen dunkelgrau. Denn die Steine, mit denen der Dom gebaut wurde, sind sehr unterschiedlich – je nachdem, aus welcher Region sie stammen.

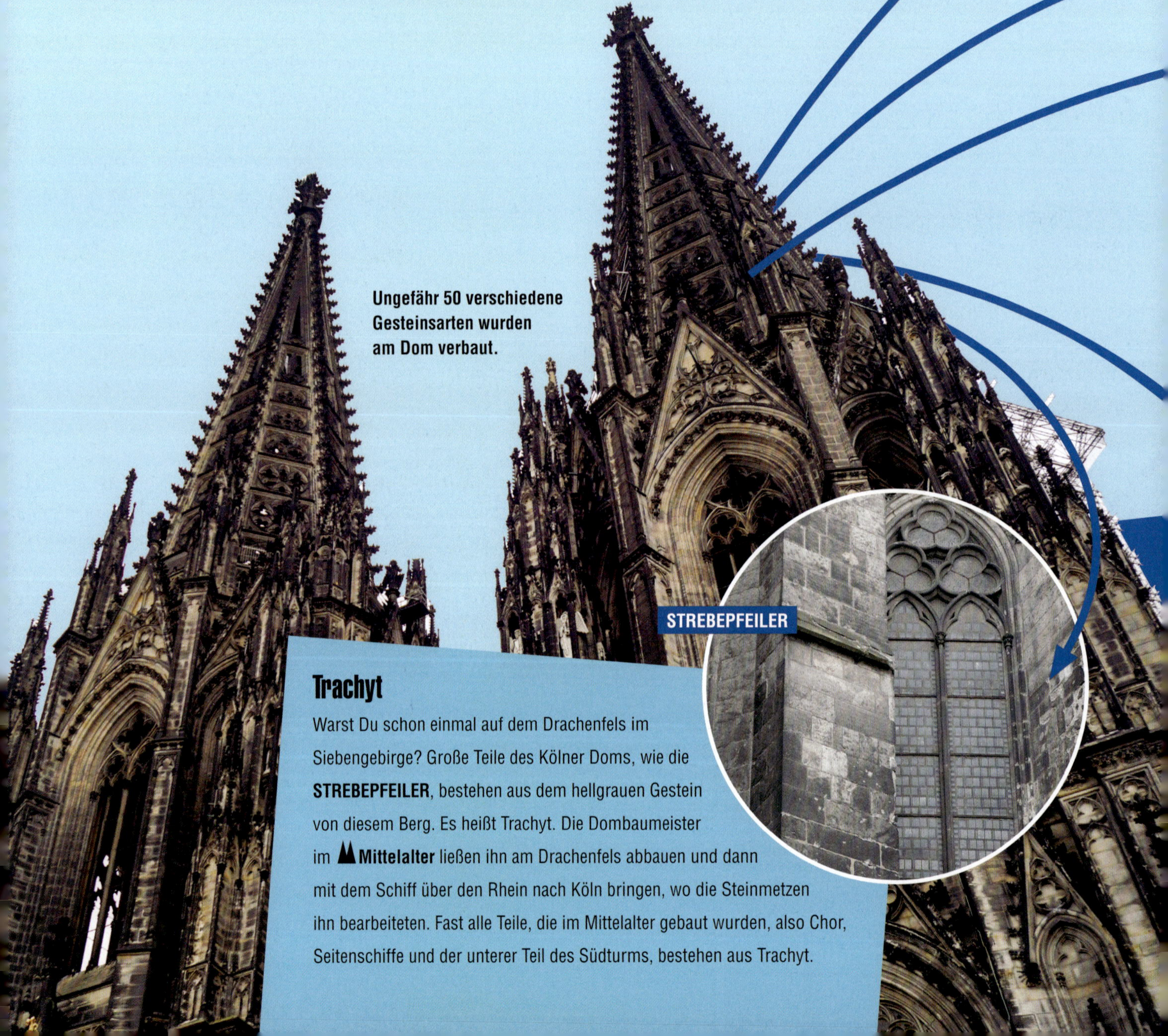

Ungefähr 50 verschiedene Gesteinsarten wurden am Dom verbaut.

Trachyt

Warst Du schon einmal auf dem Drachenfels im Siebengebirge? Große Teile des Kölner Doms, wie die **STREBEPFEILER**, bestehen aus dem hellgrauen Gestein von diesem Berg. Es heißt Trachyt. Die Dombaumeister im **Mittelalter** ließen ihn am Drachenfels abbauen und dann mit dem Schiff über den Rhein nach Köln bringen, wo die Steinmetzen ihn bearbeiteten. Fast alle Teile, die im Mittelalter gebaut wurden, also Chor, Seitenschiffe und der unterer Teil des Südturms, bestehen aus Trachyt.

GEWÖLBE

Tuff

Hast Du jemals hoch in das **GEWÖLBE** des Doms geschaut – und Dich gefragt, wie diese Decke halten kann? Das liegt natürlich an der besonderen Bauweise, aber auch an dem Stein, der dafür verwendet wurde: Tuff. Das ist ein superleichtes Gestein aus Vulkanasche und wurde in allen Bauphasen für die meisten Gewölbe im Dom benutzt. Der Tuff kommt aus der Eifel.

FIGUREN AM PETERSPORTAL

Kalkstein

Manche **FIGUREN** am und im Dom sind überaus fein ausgearbeitet. Das schaffen die Steinmetzen und Bildhauer nicht mit jedem Stein. Besonders gut eignet sich dafür Kalkstein. Am Kölner Dom kommt seit dem 19. Jahrhundert vor allem Kalkstein aus Frankreich für die **Skulpturen** und **Baldachine** zum Einsatz. Im **Mittelalter** bekamen die Dombaumeister den Kalkstein zumeist aus den **Baumbergen** bei Münster. Das **Strebewerk** des Chores wurde im frühen 20. Jahrhundert mit Muschelkalk aus Krensheim in Süddeutschland erneuert.

LANGHAUSWAND

Sandstein

Als der Dom 1842 weitergebaut wurde, beschloss der Dombaumeister, die fehlenden Teile mit Sandstein zu bauen. Denn: Sandstein war günstig, ein gutes Baumaterial – und man konnte ihn gut über den Rhein und seine Zuflüsse transportieren. Beide Querhäuser und der fehlende Teil des **LANGHAUSES** wurden mit Sandstein aus Schlaitdorf in Süddeutschland errichtet. Damit hatte man sich allerdings ein Problem eingebaut: Dieses Material reagiert nämlich empfindlich auf die Kölner Luftverhältnisse – es verwittert stark durch Wind, Regen und Luftverschmutzung. Die beiden Türme baute man also mit besserem Sandstein aus Obernkirchen in Norddeutschland – den verwenden die Steinmetzen noch heute für die Restaurierungen. Statt des Schlaitdorfer Sandsteins bezieht die Dombauhütte Sandstein heute aus einem **Steinbruch** in Božanov in Tschechien. Der Hüttenmeister fährt selbst dorthin und sucht den Stein aus.

SÜDTURMFUNDAMENT

STREBEBOGEN

Basalt

Warum sind manche Steine am Dom grau bis schwarz? Das ist Basalt. Bereits im Mittelalter wurde Säulenbasalt für den Bau der Fundamente verwendet. Stell Dir mal vor: Die **FUNDAMENTE UNTER DEM SÜDTURM** reichen ungefähr 16 Meter tief in den Boden hinein. Das kannst Du Dir sogar angucken! Wenn Du auf den Südturm steigen möchtest, gehst Du rechts neben dem Dom eine Treppe hinunter und durch einen Tunnel. Dieser Tunnel führt durch ein Fundament des Südturms! 7,20 Meter ist der Tunnel lang – und somit ist das Fundament 7,20 Meter dick. Die seltsamen Rundungen im Tunnel kommen von den Bohrungen. Den Zugang durch den Tunnel gibt es übrigens erst seit ein paar Jahren. Früher startete man die Turmbesteigung im Dom. Im 19. Jahrhundert nutzten die Baumeister Basaltlava für den Sockel des Doms. Dieses Gestein wird zum Beispiel in der Eifel in Steinbrüchen unter der Erde abgebaut. Dombaumeister Willy Weyres hat nach dem **Zweiten Weltkrieg** Teile des Doms, unter anderem die Strebebögen des Nordquerhauses, mit Basaltlava aus dem hessischen Londorf wiederhergestellt. Der Stein ist so hart, dass ihm Wind und Wetter nichts anhaben können. Allerdings verändert die dunkle Farbe des Basalts natürlich auch das Aussehen des Doms stark. Außerdem vertragen sich Sandstein und Basalt nicht gut: Wenn diese beiden Gesteinsarten nebeneinander verbaut sind, kann der Sandstein schneller verwittern.

Streifzug durch die Dombauhütte

Jetzt geht es auf eine besondere Expedition: Wir nehmen Dich mit in die Werkstätten der Dombauhütte. Aber aufgepasst, dabei geht es auch hoch hinaus!

Am Eingang der Dombauhütte bist Du vielleicht schon einmal vorbeigelaufen. Er liegt auf der Rückseite des Doms und ist recht unscheinbar: In graue Steine sind dort nur die beiden Worte „Dombauhütte Köln“ eingearbeitet.

Station 1: Im Büro des Hüttenmeisters

Unten angekommen, stehst Du vor dem Büro des Hüttenmeisters. Durch die vielen Fenster hat er den gesamten Hof mit den Werkstätten perfekt im Blick. **UWE SCHÄFER** ist Chef der Handwerker in den Werstätten: „Wenn jemand ein Problem hat, kommt er zu mir.“ 17 unterschiedliche Arten von Handwerkern arbeiten hier, vom Dachdecker bis zum Installateur, vom Gerüstbauer bis zum Elektriker, vom Steinmetz bis zum Schmied. Keine andere Dombauhütte in Deutschland besitzt so viele unterschiedliche **Gewerke**. Der Hüttenmeister ist Ansprechpartner für die Mitarbeiter und den Dombaumeister, er verteilt die Aufgaben in den Werkstätten und nimmt fertige Steine und Figuren ab.

Im Büro des Hüttenmeisters hängen Zeitpläne für die einzelnen Baustellen – zum Teil reichen sie bis in das Jahr 2070!

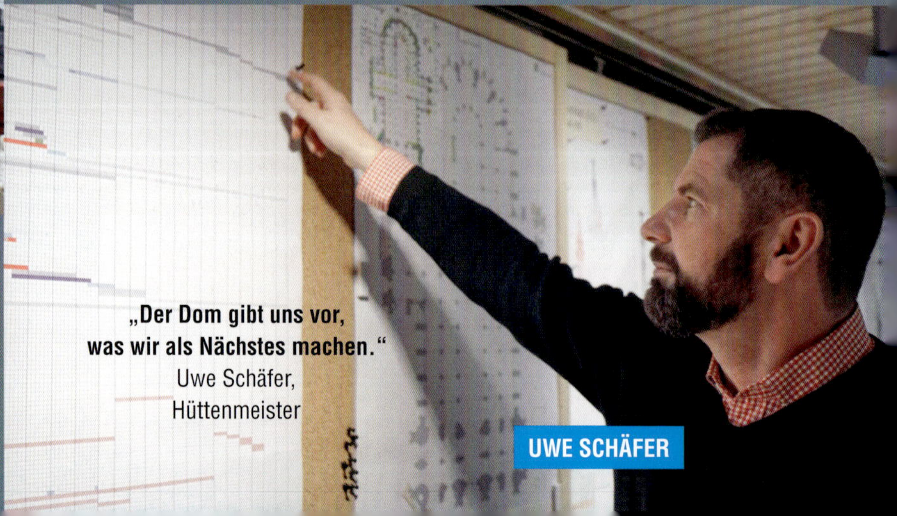

„Der Dom gibt uns vor, was wir als Nächstes machen.“
Uwe Schäfer,
Hüttenmeister

UWE SCHÄFER

Station 2: In der Bildhauerwerkstatt

HANS-CHRISTOPH HOPPE

HANS-CHRISTOPH HOPPE ist einer von vier Bildhauern in der Dombauhütte. In der Werkstatt stehen Figuren aus hellem Kalkstein, zum Beispiel eine riesige Engelsfigur. Manche dieser Kunstwerke sind aber auch dunkelbraun – und mit weißen Punkten übersät. Was hat das zu bedeuten? „Wenn bei einer Figur am Kölner Dom etwas fehlt, zum Beispiel der Kopf, ergänzen wir den", erklärt Hans-Christoph Hoppe. Nach den originalen Entwürfen des 19. Jahrhunderts formt er ein Modell des Kopfes aus brauner Modelliermasse. Darauf setzt er Punkte. Diese helfen ihm bei der Herstellung des neuen Kopfes, die Maße exakt auf den Stein zu übertragen. Bis der Kopf fertig ist, kann es mehrere Wochen dauern.

„Bildhauer brauchen viel Geduld, gute Augen und Fingerspitzengefühl."
Hans-Christoph Hoppe, Bildhauer

THOMAS HECKER

Station 3: In der Schmiede

In der Werkstatt gegenüber ist es gemütlich warm. Ein Feuer brennt in der Hundert Jahre alten **Esse**. Hier arbeitet der Domschmied **THOMAS HECKER** zusammen mit zwei Kollegen. Sie reparieren unter anderem die Gitter im Dom, die Du zum Beispiel rund um den Binnenchor findest. Der Schmied stellt aber auch Werkzeuge für die anderen Handwerker her, etwa die unterschiedlichen Arten von Meißeln, mit denen die Steinmetzen und Bildhauer arbeiten. Dafür nimmt Thomas Hecker einen Stab aus Stahl und erhitzt ein Stück im Feuer. Dann legt er den Stab auf den **Amboss** und schlägt mit dem Hammer fest auf das heiße Stück, bis es eine flache Spitze hat. Dabei fliegen die Funken, doch das macht Thomas Hecker nichts aus. Ganz im Gegenteil, er liebt seinen Job: „Als Kölner bedeutet es mir sehr viel, hier zu arbeiten."

Vor 26 Jahren hat sich Thomas Hecker in der Dombauhütte beworben.

„Die Arbeit mit dem Feuer macht mir großen Spaß. Ich erhitze das Eisen, bis es weich wie Knetgummi ist. So kann ich es in jede Form bringen, die ich mir vorher ausgedacht habe."
Thomas Hecker, Schmied

„Die Dombauhütte ist die beste Arbeitsstelle in Köln."
Norbert Klewinghaus, Schreiner

Station 4: In der Schreinerei

Am Ende des Hofes betrittst Du die Schreinerei. „Wir kümmern uns im Kölner Dom um alles, was aus Holz ist", sagt **NORBERT KLEWINGHAUS**. Zum Beispiel bauen die Schreiner die Einrichtung für andere Werkstätten oder reparieren Beichtstühle und Kirchenbänke. „Jede Woche ist irgendeine andere Bank kaputt, am häufigsten das Knieteil." Besonders viel Arbeit machen übrigens die Türen, die es vor allem hinter den Kulissen des Doms gibt. 456 Türen sind es insgesamt. Zwei Tage dauert es, bis die Schreiner alle kontrolliert haben. Eine neue Tür bauen Norbert Klewinghaus und seine vier Kollegen so, dass sie Hundert Jahre hält – eine Tür bei Dir zu Hause schafft 30 bis 50 Jahre.

NORBERT KLEWINGHAUS

WOLFGANG SCHMITZ

Station 5: Im Hohen Dach

Nicht alle Handwerker arbeiten unten in den Werkstätten. Die Gerüstbauer findest Du im Hohen Dach, also im Dachstuhl des Kölner Doms. Der liegt 45 Meter über dem Boden und dort gibt es sogar Toiletten! Mit einem Aufzug, der versteckt hinter einer Holzwand liegt, fahren sie hinauf. Oben lagern Stangen und Platten aus Aluminium, die Einzelteile für die Gerüste. Wenn **WOLFGANG SCHMITZ** und seine fünf Kollegen ein Fenstergerüst aufbauen wollen, bringen sie die Teile zu einer der Brüstungen, die um den Dom herumlaufen, und bauen von unten beginnend vor dem Fenster ein Gerüst auf. Gleichzeitig wird auch von innen ein Gerüst hochgezogen. Manchmal müssen sie sich aber auch abseilen und das Gerüst von oben nach unten, in Hängegurten sitzend, aufbauen, wie bei dem großen Hängegerüst in etwa Hundert Meter Höhe am Nordturm. „Höhenangst sollte man nicht haben", sagt Wolfgang Schmitz und lacht. Er fühle sich frei, wenn er in der Luft hänge.

„Ich habe hier im Dom schon alles gemacht, was Du Dir vorstellen kannst – außer einen Gottesdienst zu leiten oder Steine zu bearbeiten."
Wolfgang Schmitz, Gerüstbauer

Station 6: Auf dem Gerüst

Die Gerüste, die Wolfgang Schmitz und seine Kollegen aufbauen, sind der Arbeitsplatz der Versetzer. Das sind besondere Steinmetzen: Sie bauen die Figuren und Ornamente, die die Steinmetzen in den Werkstätten hergestellt haben, am Dom ein. Sechs Versetzer gibt es, **ROBERT HOFSTÄTTER** ist einer von ihnen. Seine Ausbildung absolvierte er bei den Steinmetzen am Boden. „Aber da war es mir zu langweilig." Seit 30 Jahren klettert er außen am Dom herum. Mit einem kleinen Aufzug geht es vom Hohen Dach in die Spitze des Nordturms, von da aus betritt Robert Hofstätter das Hängegerüst. Mit Leichtigkeit klettert er die schmalen Leitern, die eine Gerüstetage mit der anderen verbinden, hoch und runter. Beschädigte Steine am Dom baut er mit seinen Kollegen aus. Sind die neuen fertig, bauen sie diese ein und befestigen sie mit Blei oder Mörtel. An einer Stelle hoch oben im Nordturm ist eine Nische frei. Hier wird die Engelsfigur, an der die Bildhauer arbeiten, bald wieder aufgestellt. Sie wiegt 1.600 Kilogramm. Stell Dir mal vor: Das ist so viel wie ein Nashorn. Auch hier oben sind alle Steine und Ornamente wunderschön ausgearbeitet.

Am Nordturm wurden bei einem Sturm 1984 viele Steine zerstört und in den vergangenen Jahren durch neue ersetzt, wie auch diese Kreuzblume. Noch sind sie hell aber in wenigen Jahrzehnten werden sie ebenso schwarz sein wie die alten Steine.

ROBERT HOFSTÄTTER

„Am Dom ist alles perfekt, selbst an Stellen, die man nicht sieht. Es ist unser Anspruch, dass das so bleibt."
Robert Hofstätter, Versetzer

Traumjob Steinmetz

Anfangs hat Julian Feldmann gearbeitet wie im Mittelalter: „Ich durfte jeden Stein nur mit Hammer und Meißel bearbeiten. Das war sehr anstrengend!“ Julian Feldmann macht in der Dombauhütte eine Ausbildung zum Steinmetzen. Wir haben ihn und seinen Lehrmeister an ihrem Arbeitsplatz besucht.

Nur etwa zehn Bauhütten in Deutschland bieten eine Ausbildung zum Steinmetzen an.

Der Lehrling

JULIAN FELDMANN ist 19 Jahre alt und kommt aus Köln. Als Kind ist er mit seinen Großeltern oft in den Kölner Dom gegangen und war fasziniert, wie riesig die prächtige Kathedrale ist. Sein Schulpraktikum in der 9. Klasse hat Julian in der Dombauhütte gemacht, die handwerkliche Arbeit fand er toll. Also bewarb er sich nach dem Realschulabschluss dort um einen Ausbildungsplatz. „Wäre ich nicht genommen worden, hätte ich noch Abitur gemacht.“ Julian Feldmann wurde genommen – und ist mittlerweile im dritten Lehrjahr. Jetzt darf er für grobe Arbeiten am Stein auch einen Druckluftmeißel benutzen. In den vergangenen fünf Wochen hat er aber mit der Hand an einer kleinen Kreuzblume gearbeitet. „Ich musste lernen, geduldig zu sein und mich bei der Arbeit sehr zu konzentrieren, sonst komme ich zu tief in den Stein hinein.“ Was er neben Geduld noch braucht? „Spaß an Zeichnen, Mathe und Sport.“ Er mag die körperliche Arbeit. „Wenn ich abends ins Bett gehe, fühle ich mich, als hätte ich was geschafft. Das ist echt schön.“ Nach seiner Ausbildung würde er gerne in der Dombauhütte bleiben, aber es gibt nur wenige Arbeitsplätze. „Als Steinmetz ist das hier der beste Arbeitsplatz der Welt. Und für mich als Kölner ist es eine Herzenssache.“

Der Lehrmeister

STEPHAN WIECZOREK arbeitet seit seiner Lehre vor 34 Jahren in der Dombauhütte. „Die Voraussetzung, dass ich übernommen wurde, war, dass ich von zu Hause den Dom sehen konnte", sagt er und lacht. Damals hat er zum Glück in Deutz gewohnt! Seit 25 Jahren kümmert sich Stephan Wieczorek um die Steinmetzlehrlinge in der Dombauhütte, jedes Jahr kommt ein neuer dazu, nach drei Jahren ist die Ausbildung beendet. Es gefällt ihm, junge Leute kennenzulernen – und vor allem, sein Wissen weiterzugeben. „Steinmetzen außerhalb der Dombauhütte arbeiten mehr mit Maschinen, weil das günstiger ist. Dass wir so viel mit den Händen schaffen können, ist die Krönung. Aber wir sind eben auch Exoten." Wenn Stephan Wieczorek sich nicht um die Lehrlinge kümmert, arbeitet er selbst am Stein. „Ich mache oft knifflige Sachen, die nicht zu einem bestimmten Zeitpunkt fertig sein müssen." Gerade beschäftigt er sich mit einem kleinen Löwenkopf. Mit einem Meißel ritzt er die Bäckchen in das Gesicht des Tieres. Vorsichtig führt er das Werkzeug an den fertigen Öhrchen vorbei. Und wenn bei der Arbeit eins abbrechen würde? „Dann müsste ich von vorne anfangen."

STEPHAN WIECZOREK

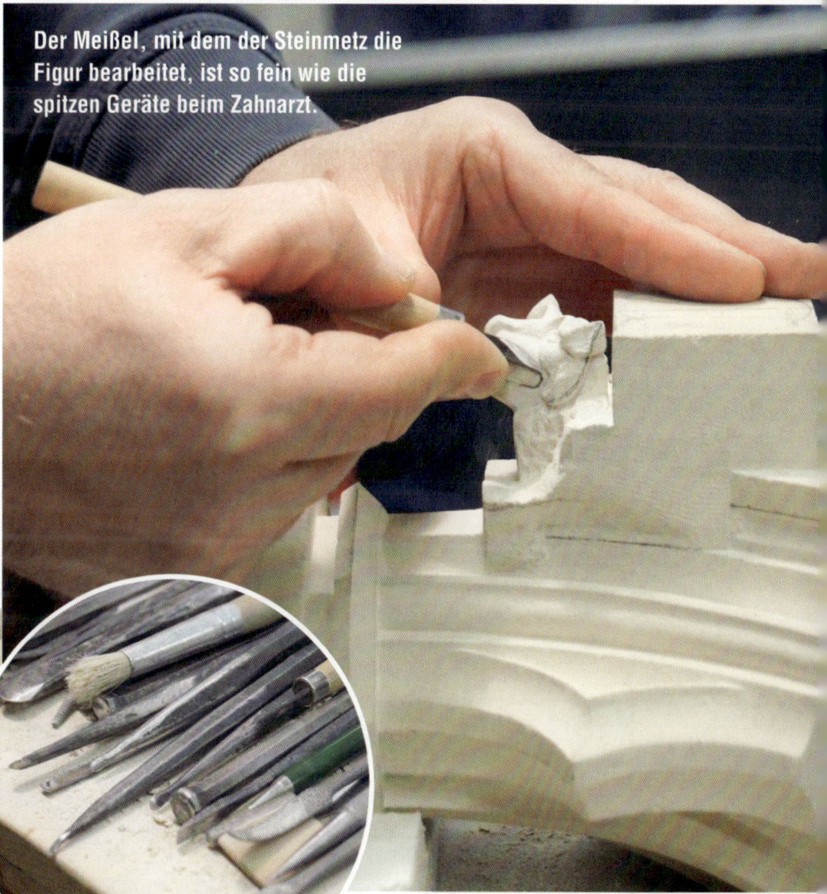
Der Meißel, mit dem der Steinmetz die Figur bearbeitet, ist so fein wie die spitzen Geräte beim Zahnarzt.

Der ehemalige Hüttenmeister Anton Meid wurde bei seinem Abschied von den Kollegen am Dom verewigt. Da er viel telefonierte, hat sein Porträt aus Stein ein Handy am Ohr.

Ausbildungen in der Dombauhütte

Du hast es schon mitbekommen: Oft arbeiten die Handwerker der Dombauhütte noch so wie vor Hunderten von Jahren. Dieses alte Wissen geben die älteren Mitarbeiter an die neuen weiter. In manchen **Gewerken** dauert es mehrere Jahre, bis die Handgriffe perfekt sitzen. In der Kölner Dombauhütte werden Steinmetzen, Metallbauer und Schreiner ausgebildet. Wenn Du Dich für eine Ausbildung wie die von Julian Feldmann interessierst, musst Du mindestens einen Hauptschulabschluss haben.

Echte Fründe!

Den Kölner Dom zu erhalten, kostet viele Millionen Euro. Aber: Wer bezahlt dieses ganze Geld? Für einen großen Teil kommt der Zentral-Dombau-Verein zu Köln von 1842 (kurz ZDV) auf. Seit fast 180 Jahren kümmert er sich um den Dom. Wir stellen Dir den ZDV genauer vor.

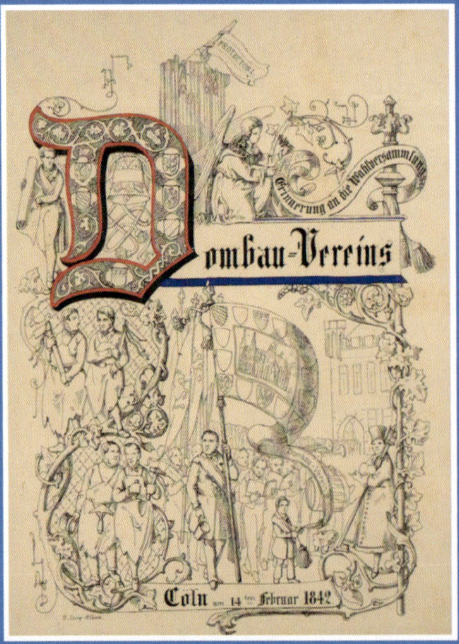

Warum wurde der ZDV gegründet?

Du erinnerst Dich bestimmt noch, dass es beim Dombau eine sehr lange Pause gab: 300 Jahre lang stand die Arbeit an der Kathedrale still. Das fanden viele Kölner schade und forderten: Der Dom muss fertig werden! Um ihr Ziel zu erreichen, gründeten sie im Jahr 1842 den Zentral-Dombau-Verein und spendeten Geld für den Weiterbau. Damals haben die Mitglieder bestimmt nicht gedacht, dass es den ZDV so lange geben wird – denn eigentlich wollten sie ja nur den Dom fertigstellen. Aber an der großen Kirche gibt es immer etwas zu tun, daher braucht der Dom auch heute noch den ZDV.

Zum 175-jährigen Jubiläum erhält Bundespräsident Frank-Walter Steinmeier den ZDV-Hammer Nr. 175 als Erinnerung.

„Meine Aufgabe ist es, Menschen für den Erhalt des Doms zu begeistern und sie vom Spenden zu überzeugen. Präsident beziehungsweise Ehrenpräsident des ZDV zu sein – das ist für mich das schönste Ehrenamt in ganz Köln. Der Dom bedeutet für mich Heimat, Zuhause und ein Stück Identität: Das bin ich, hier gehöre ich hin.“

Michael H. G. Hoffmann, Ehrenpräsident des ZDV, ZDV-Präsident 2004–2018

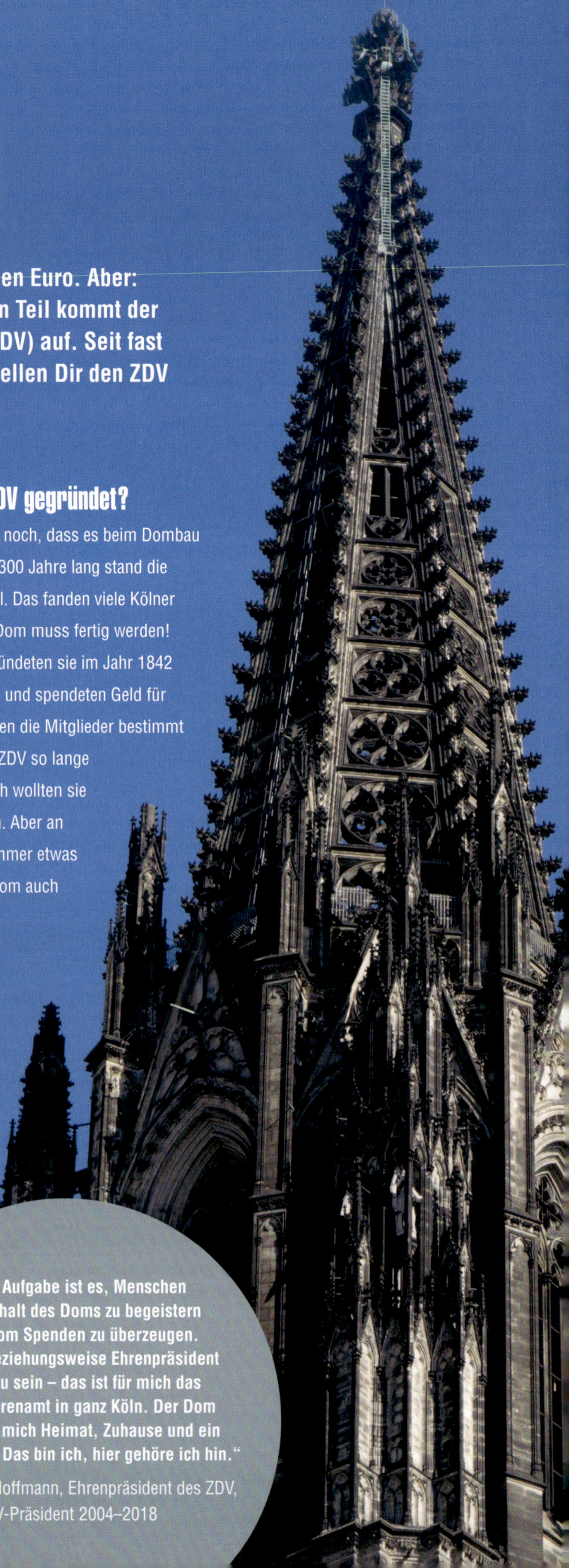

Was macht der ZDV?

Der ZDV hat eine Aufgabe: den Kölner Dom zu erhalten. Zwei Drittel des dafür benötigten Geldes kommen aus den Spenden der Mitglieder. Die meisten spenden jeden Monat oder jedes Jahr eine bestimmte Summe. Manche vererben dem ZDV sogar ihr ganzes Vermögen. Und wieder andere übernehmen eine sogenannte Patenschaft: Das heißt, dass sie für einen bestimmten Teil am Kölner Dom die Kosten übernehmen. Mit dem gesammelten Geld werden aber auch die Mitarbeiter der Dombauhütte bezahlt. Ohne den ZDV würden 66 der 100 Mitarbeiter kein Gehalt bekommen. Allerdings kommt der ZDV nur für die Arbeiten am Gebäude auf – also für die Steine, die Säulen oder die Wände.

In unermüdlichem Einsatz für den Dom: ZDV-Präsident Michael Kreuzberg und Ehrenpräsident Michael H. G. Hoffmann.

Wer arbeitet dort?

Als große Bürgerinitiative hat der ZDV natürlich einen Vorstand, der sich regelmäßig trifft und überlegt, welche Maßnahmen zur Erhaltung des Doms wichtig sind und wie diese finanziert werden können. Eine weitere Aufgabe des Vorstandes ist die Wahl des Präsidenten. Der ZDV-Präsident ist viel unterwegs, um neue Förderer und Mitglieder zu gewinnen. Unterstützt wird er dabei vom Secretär und zwei fleißigen Mitarbeiterinnen.

Wer kann Mitglied werden?

Von Anfang an konnte jeder beim ZDV mitmachen: Arme und Reiche, Männer und Frauen, Junge und Alte. Es ist sogar egal, ob man katholisch, evangelisch oder überhaupt nicht gläubig ist. Für die Mitglieder im ZDV steht nämlich nicht das Gotteshaus, sondern das Gebäude als Wahrzeichen und **Weltkulturerbe** im Vordergrund. Viele Mitglieder sagen, dass sie den Dom unterstützen, weil er für sie Zuhause bedeutet. 17.600 Menschen aus der ganzen Welt sind heute im ZDV dabei – so viele wie noch nie!

Auf diesem Bild siehst Du, wie sich das 17.500ste Mitglied im Jahr 2018 in das Goldene Buch des ZDV einträgt.

Jedes neue ZDV-Mitglied erhält diese Dom-Anstecknadel.

Weit gereist

Der Kölner Dom war sogar schon im Weltall! Na ja, zumindest ein ganz kleines Stück von ihm. Als Astronaut Alexander Gerst im Jahr 2014 das erste Mal zur Internationalen Raumstation ISS aufbrach, nahm er nämlich ein Stück Stein vom Kölner Dom mit – als Glücksbringer. Der Domstein blieb 165 Tage mit Astro-Alex im All und umkreiste 2.566 Mal die Erde. Heute wird der weit gereiste Stein im Dombauarchiv aufbewahrt.

Das DOM 1x1

Amboss

Großer Eisenblock, auf dem der Schmied ein glühendes Werkstück mit Schlägen bearbeitet.

Apostel

Jesus hatte zwölf enge Freunde, die Apostel. Nachdem er am Kreuz gestorben und wiederauferstanden war, erzählten die Apostel von Jesus und von Gott und machten das Christentum so immer bekannter.

Baldachin

Wölbt sich wie ein kleines Dach über einem Thron, einem Bett oder einer Skulptur.

Baumberge

Hügelige Landschaft in der Nähe der Stadt Münster im Bundesland Nordrhein-Westfalen.

Christentum

Weltreligion mit den meisten Gläubigen. Christen glauben an Gott und, dass er vor gut 2.000 Jahren in Gestalt von Jesus auf die Erde gekommen ist. Ein christliches Gotteshaus bezeichnet man als Kirche. In Deutschland sind die meisten Christen katholisch oder evangelisch. Der Kölner Dom ist eine katholische Kirche.

Dachreiter

Kleiner Turm, der auf der Spitze des Daches aufgebaut wird.

Dreikönigswallfahrt

Eine Pilgerreise wird auch Wallfahrt genannt. Der Unterschied ist: Pilgern kann man auch allein oder in einer kleinen Gruppe, die Wallfahrt erfolgt immer in einer größeren Gruppe. Seitdem die Gebeine der Heiligen Drei Könige in den Kölner Dom gebracht wurden, sind viele Menschen dorthin gepilgert. Auch heute gibt es jedes Jahr die Dreikönigswallfahrt mit Gottesdiensten im Kölner Dom.

Esse

Feuerstelle, in der der Schmied das Eisen heiß macht, um es danach zu bearbeiten.

Gewerke

Die unterschiedlichen Arten von Berufen, die es im Handwerk gibt.

Hausrecht

Wer das Hausrecht in einem Gebäude hat, darf über vieles bestimmen, was dort passiert. Allen, die das Gebäude nicht betreten sollen, kann er „Hausverbot“ erteilen. Damit man Hausrecht hat, muss einem das Gebäude nicht unbedingt gehören.

Jakobsweg

Der berühmteste Pilgerweg in Europa. Es gibt aber nicht DEN Jakobsweg, sondern ungefähr 30 Hauptwege und viele Nebenstrecken, die durch viele Länder in Europa führen. Ziel ist immer die Kathedrale in der spanischen Stadt Santiago de Compostela.

Kitt

Ein Kleber, der seit Jahrhunderten aus Kreidepulver und Leinöl hergestellt wird.

Kollekte

Während eines Gottesdienstes wird oft ein Beutel durch die Reihen gereicht, in den Menschen Geld legen können. Damit werden Hilfsprojekte unterstützt. Für welches Projekt genau das Geld ist, sagen die Priester im Gottesdienst.

Küster

Der Küster ist für den Kirchenschmuck und die Sakristei zuständig. Er schmückt und bereitet den Altar für den Gottesdienst vor. Legt die Gewänder für die Priester zurecht und führt manchmal kleinere Reparaturen aus.

Mittelalter

Zeitabschnitt, der ungefähr im Jahr 500 nach Christus begann – damals zerbrach das Römische Reich, die Zeit, in der die alten Römer Macht in ganz Europa hatten. Das Mittelalter endete etwa 1400 nach Christus.

Motette

Musik für Kirchen, bei der es vor allem auf den Gesang ankommt.

Organist

Ein Organist ist jemand, der die Orgel spielt. In vielen Kirchen gibt es einen Organisten, in so großen wie dem Kölner Dom sogar mehrere. Einer davon ist dann der erste Organist.

Pilgerorte

Wichtige Orte für die Gläubigen, denn hier liegen zum Beispiel die Gebeine von Heiligen. Gläubige reisen zu einem Pilgerort, um dort zu beten und Gott näher zu sein.

Propheten

Menschen, die mit Gott gesprochen haben und seine Botschaft verkünden.

Revolution

Umsturz, bei dem neue Gruppen an die Macht kommen. In der Französischen Revolution erhob sich das Volk gegen den König und den Adel.

Sakristei

Nebenraum der Kirche. Dort ziehen sich Priester oder Messdiener die Gewänder für den Gottesdienst an. Außerdem werden dort Dinge aufbewahrt, die man für den Gottesdienst braucht.

Schäl Sick

Das ist Dialekt und bedeutet „falsche Seite". Damit meint man im Rheinland die Stadtteile, die auf der „falschen Seite" des Rheins liegen. In Köln ist das die Seite rechts des Rheins, hier liegen zum Beispiel die Stadtteile Deutz, Mülheim oder Kalk. In Köln machen sich Leute gerne über die Schäl Sick lustig.

Schrein

Behältnis, in dem die Knochen (man sagt auch Gebeine) von Heiligen aufbewahrt werden. Weil das etwas Besonderes ist, sind viele Schreine kostbar verziert.

Skulptur

Kunstwerk aus Holz oder Stein. Es stellt oft einen Menschen oder ein Tier dar.

Steinbruch

Stelle, an der eine bestimmte Gesteinsart abgebaut wird. Arbeiter bauen den Stein mit Maschinen entweder direkt am Berg ab oder in Stollen unter der Erde.

Strebewerk

Bestimmte Art zu bauen, die typisch für gotische Kirchen ist. Das Strebewerk ist die Stütze für die hohe Kirche mit den großen Fenstern. Es besteht aus Strebebögen (sie fangen das Gewicht der Gewölbe auf und leiten es vom Bau weg) und Strebepfeilern (sie leiten das Gewicht weiter nach unten zu den Fundamenten).

Talar

Weites, langes Gewand, das man über der normalen Kleidung trägt. Er ist die Arbeitskleidung für Menschen in der Kirche: Priester, Messdiener, Küster oder auch Domschweizer.

Verwalten

Ein Verwalter kümmert sich um etwas, das ihm nicht gehört – oft macht er das, weil der Besitzer ihn darum gebeten hat. Es gibt zum Beispiel Verwalter für große Gebäude.

Weltkulturerbe

Liste mit Orten und Gebäuden auf der Welt, die ganz besonders schützenswert sind. Was auf diese Liste kommt, entscheidet die UNESCO, eine Organisation der Vereinten Nationen, der fast alle Länder der Welt angehören.

Zweiter Weltkrieg

Er dauerte von 1939 bis 1945. Er gilt als der schlimmste Krieg der Geschichte, weil sehr viele Länder der Welt daran beteiligt waren und ungefähr 60 Millionen Menschen gestorben sind. Verursacher des Krieges waren Adolf Hitler und seine Gefolgsleute, die Nationalsozialisten in Deutschland.

Danke!
Dieses Buch ist vor allem durch das Engagement der vielen Menschen, die im und für den Kölner Dom arbeiten zu einem lesenswerten Stoff geworden. Herzlichen Dank an Handwerker und Historiker, Domkapitulare und Domschweizer, Schatzhüter, Organisten und Chorknaben – für jede Menge Insiderwissen und spannende Einblicke hinter die Kulissen des Doms. Ein herzliches Dankeschön geht an Matthias Deml und Markus Frädrich für ihre fachkundigen Antworten auf unendlich viele Fragen und wertvolle Unterstützung bei der Organisation von Fototerminen und Interviews.

Bibliografische Information der Deutschen Nationalbibliothek
Die Deutsche Nationalbibliothek verzeichnet diese Publikation in der Deutschen Nationalbibliografie; detaillierte bibliografische Daten sind im Internet über **https://portal.dnb.de** abrufbar.

1. Auflage 2019

Herausgeber: Zentral-Dombau-Verein zu Köln
Texte: Robert Boecker, Peter Füssenich, Angela Sommersberg
Redaktion: Daniela Mutschler, Christina Schupetta
Lektorat: Dr. Markus Weber
Illustrationen: Martin Böer
Layout: Giannina Torrano, Petra Drumm
Druck: Belvédère, Niederlande

FSC www.fsc.org MIX Papier aus verantwortungsvollen Quellen FSC® C016391

ISBN 978-3-7616-3181-2 Buchausgabe
ISBN 978-3-7616-3401-1 PDF
ISBN 978-3-7616-3399-1 EPUB
ISBN 978-3-7616-3400-4 MOBI

Auch als eBook erhältlich

BILDNACHWEIS
Kathrin Becker: 35 M.; Robert Boecker: 16/17, 18 M. r., 22 u. l., 25 M. l., 26 M. l., 31 M., 32/33, 34, 35 o., 36 M. l., 37 o., 37 u. l., 39, 48/49, 59 M. l., 60 u. l., Vorsatz (Bischofsthron, Jahresstäbe, Schwalbennestorgel); Archiv Robert Boecker: 15 o., 15 M. l.; Martin Böer: 65 r. (2); Petra Drumm: 1, 3, 4 M. l., 4 u. r., 5 o. l., 8, 10 u. r., 18 o., 18 u., 19 l., 19 o. M., 19 u. r., 25 u. l., 36 M. r., 40–43 (außer 43 u. l.), 44 o., 44 u. l., 46 M., 47 M., 52, 54, 56 u. r., 57 o., 57 u. l., 58/59 (außer 59 M. l.), 60/61 (Hintergrund), 62 (1–3, 5), 63 (1, 4–6), 65 l. (3, 4), 65 M. (1, 2, 4, 5), 65 r. (1, 3, 4, 6), Vorsatz (Nordturm, Domschatzkammer, Sakristei, Dreikönigenschrein, Chormosaik, Chorgestühl, Südquerhausfenster); ESA: 61 u. r.; Dorothea Heiermann: 37 M. r.; Hohe Domkirche Köln, Dombauhütte Köln: 11 u. l., 13 u., 51 M., 60 M. l., Vorsatz (Grundriss); Hohe Domkirche Köln, Dombauhütte Köln, Foto: Glaswerkstatt: 20 M., Lorenz Gaiser: 51 o., Matz und Schenk: 5 u. l., 9 o. r., 9 u. r., 12, 14 u. r., 15 M. r., 38, 53 o. r., Vorsatz (Petersportal), P. Modanese: 65 M. (6), Jennifer Rumbach: 11 o. l., 11 u. r., 27 M. (Hennes), 30 u., 31 o., 43 u. l., 45 u., 52 u. r., 53 M. r., 53 u. l., 63 (2); Anselm Schmitz: 15 u. l., P. Sondermann: 2, 10 o. l., Vorsatz (Südturm), F. Spangenberg: 13 o., Mira Unkelbach: 5 M., 50 u., 61 M. r.; Gitte Hoffmann: 61 o. r.; iStock/thehague: 26 o.; Georg May, eifelfoto.com: 26 u. r.; Metropolitankapitel der Hohen Domkirche Köln: 37 M. l.; Frank Metzemacher/lichtreim.de: 6/7; picture alliance / ZUMAPRESS.com, Fotograf Julien Mattia: 29 M.; Frank Schnütgen: 50 o.; Angela Sommersberg: 45 o., 65 M. (3); Tomasetti/DOMRADIO.DE: 45 M.; Georg Trenz, Hartung und Trenz: 9 u. l.; Bernhard Walterscheid: 10 o. r.; Claudia Zähle: 12/13 (Hintergrund), 14/15 (Hintergrund)

Titel: Robert Boecker: u. r.; Petra Dumm: u. l.; Hohe Domkirche Köln, Dombauhütte Köln, Foto: Jennifer Rumbach: u. M.; iStock/vichie81: o.
Buchrückseite: Robert Boecker: l. (3), M. (1); Petra Drumm: l. (2); Hohe Domkirche Köln, Dombauhütte Köln, Foto: Jennifer Rumbach: l. (1), Matz und Schenk: l. (4); Frank Schnütgen: r. (2)

Alle übrigen Fotografien stammen von Giannina Torrano.

QUIZ

Für Dom-Kenner!

Wie gut kennst Du Dich mit dem Kölner Dom aus? Teste Dein Expertenwissen mit diesem Quiz. Die Buchstaben ergeben in der richtigen Reihenfolge das Lösungswort.

1 Der korrekte Name des Kölner Doms lautet:

C Kathedrale Santa Colonia
D Hohe Domkirche Sankt Petrus
E Dom zu Kölle

2 Wie viele Menschen besuchen den Kölner Dom pro Jahr?

D 4 Millionen
E 6 Millionen
F 11 Millionen

3 Was macht Geißbock Hennes, das Maskottchen des 1. FC Köln, an der weltberühmten Kathedrale?

C Er ziert als Steinfigur die Mauern des Doms.
D Er wurde in eines der Fenster eingebaut.
E Da er bei Auswärtsspielen seine Mannschaft nicht begleiten kann, betet er im Dom für einen Sieg.

4 Wer sind die Domschweizer?

P Touristen aus der Schweiz, die den Dom besuchen.
Q Besondere Steinmetzen, die nur mit Material aus Schweizer Steinbrüchen arbeiten.
K Sie sorgen für Sicherheit und Ordnung im Dom und sind Ansprechpartner für die Besucher.

5 Der Kölner Dom gehört …

C … der katholischen Kirche.
D … allen Kölner Bürgern.
E … nur sich selbst.